TATIANA MACHADO BOULHOSA

CRISTIANISMO

Lafo

Título – Cristianismo
Copyright © Editora Lafonte Ltda. 2021

Todos os direitos reservados.
Nenhuma parte deste livro pode ser reproduzida por quaisquer meios
existentes sem autorização por escrito dos editores e detentores dos direitos.

Direção Editorial **Ethel Santaella**
Organização e Revisão **Ciro Mioranza**
Diagramação **Demetrios Cardozo**
Imagem de capa **Inga Maya / Shutterstock**

```
Dados Internacionais de Catalogação na Publicação (CIP)
       (Câmara Brasileira do Livro, SP, Brasil)

   Boulhosa, Tatiana Machado
      Cristianismo / Tatiana Machado Boulhosa. --
   São Paulo : Lafonte, 2021.

      ISBN 978-65-5870-097-5

      1. Cristianismo - História 2. Cristianismo -
   Origem 3. Jesus Cristo - Pessoa e missão I. Título.

21-65721                                          CDD-270
          Índices para catálogo sistemático:

   1. Cristianismo : História    270

   Cibele Maria Dias - Bibliotecária - CRB-8/9427
```

Editora Lafonte
Av. Profª Ida Kolb, 551, Casa Verde, CEP 02518-000, São Paulo-SP, Brasil - Tel.: (+55) 11 3855-2100
Atendimento ao leitor (+55) 11 3855- 2216 / 11 - 3855 - 2213 – atendimento@editoralafonte.com.br
Venda de livros avulsos (+55) 11 3855- 2216 – vendas@editoralafonte.com.br
Venda de livros no atacado (+55) 11 3855-2275 – atacado@escala.com.br

Impressão e Acabamento
Gráfica Oceano

ÍNDICE

05	Primeiras reflexões
09	O surgimento do cristianismo
15	O crescimento do Cristianismo no Império Romano
23	O que acontece quando o Império Romano chega ao fim?
33	Papas *versus* Patriarcas: o Cisma do Oriente
43	As Igrejas Ortodoxas Orientais
51	No Ocidente, Cruzadas e Inquisição
59	A Reforma Protestante e a Contrarreforma Católica
71	Igrejas Protestantes, Evangélicas e Pentecostais: tantas denominações quanto interpretações?
85	A Igreja Católica nos séculos XX e XXI
83	Por fim, o que é cristianismo?
95	Referências bibliográficas

PRIMEIRAS REFLEXÕES

Cristianismo é um termo guarda-chuva utilizado para indicar todos aqueles que acreditam que Jesus de Nazaré tenha sido o Cristo, ou seja, o Messias, Filho de Deus e Salvador. Sob esse guarda-chuva existem diferentes denominações, diversas correntes que interpretam distintamente os ensinamentos de sua figura fundadora. A religião surgiu dentro do espaço cultural hebraico e destacou-se do judaísmo no primeiro século de sua fundação. Desde então, consolidou sua vocação universal, evangélica e missionária e se difundiu por todos os cantos do globo.

Neste volume, percorremos de forma cronológica esse caminho do surgimento e da expansão do cristianismo, analisando seu papel na formação da sociedade ocidental e procurando ressaltar as formas como cada tempo histórico se articulou nas práticas e nas instituições religiosas cristãs. Assim, começamos nosso percurso discorrendo sobre a vida de Jesus de Nazaré enquanto figura histórica. Seguimos depois para os primeiros anos da difusão do movimento com seus apóstolos e, sucessivamente, veremos como a religião penetrou em outros espaços do Império Romano, tornando-se, pouco mais de 300 anos depois, religião oficial de imperadores, governantes, nobres, guerreiros e camponeses.

A seguir, voltamo-nos para a forma como a Igreja cristã começou a se consolidar durante o período que designamos de Antiguidade Tardia e Alta Idade Média, ou seja, entre os séculos V e X. Nesse ponto, deixamos a Europa Ocidental e nos voltamos para o surgimento de uma das maiores instituições cristãs até hoje, a Igreja Ortodoxa. Descreveremos brevemente também outras Igrejas Orientais e ressaltaremos as formas como elas se articulam entre si. Retornamos então à Europa Ocidental para discutir a consolidação da Igreja Romana – a Igreja Católica Apostólica Romana – e, com o fim da Idade Média, passamos a analisar o importante fato histórico da Reforma Protestante.

Na última parte de nossa investigação, dedicamo-nos a conhecer um pouco mais as diferentes Igrejas protestantes, destacando o Movimento Pentecostal e, dentro dele, o Movimento Neopentecostal, que cresce sobremaneira em países da América Latina e da África. Por fim, encerramos nosso volume retornando à Igreja católica de nossos tempos (séculos XX e XXI), procurando entender como essa instituição vem se adaptando a novas exigências e possibilidades.

Haveria ainda muitas coisas a dizer sobre o cristianismo, dada a relevância do tema para nosso mundo contemporâneo. Contudo, esperamos que, ao fim dessa jornada, o leitor possa construir um panorama razoável a respeito do que é o cristianismo, de como surgiu e se difundiu, quais suas principais características, crenças e práticas e como se articulou e se articula social, histórica e economicamente perante diferentes realidades no tempo e no espaço. Esperamos também, leitor, que este trabalho possa contribuir para uma jornada de aquisição de conhecimento, desenvolvimento da reflexão e de crescimento pessoal.

1 O SURGIMENTO DO CRISTIANISMO

Entre o final da República e o início do Império Romano, surgiu, na Palestina, um movimento religioso dentro do judaísmo que, com o tempo, se tornou aquela que é hoje a maior denominação religiosa do mundo: o cristianismo. Com raízes na cultura helenista, ou seja, de influência grega, e no messianismo judaico, o cristianismo viu, na figura de Jesus de Nazaré, o Cristo, Filho e enviado do Deus monoteísta, que salvaria a humanidade, que redimiria o homem de seus pecados, garantindo-lhe a vida eterna.

Aqui é importante fazermos uma distinção: Jesus de Nazaré existiu. Sua vida e sua atuação política e social são atestadas por diversas fontes, não apenas pelos escritos de seus seguidores. Sua natureza divina, contudo, é uma questão de crença e, como tal, passa pelo foro íntimo individual e, portanto, não nos cabe investigá-la. Em nosso texto, trabalharemos sempre com a perspectiva histórica e com o fato de que, independentemente de ter sido ou não a figura redentora prometida pela tradição hebraica, Jesus foi tido como Messias e, portanto, ponto central em torno do qual se organizou originalmente uma seita judaica e, com o tempo, uma religião de âmbito mundial. Em outras palavras: embora não discutamos aqui a crença, nós a aceitamos como mola propulsora do fenômeno religioso.

Outro apontamento inicial necessário diz respeito ao termo seita. Ainda que seja comumente utilizado de forma pejorativa, escolhemos aqui pensar em seitas como dissidências das religiões oficiais, organizações menores que se afastam do discurso oficial e que se organizam em torno de uma figura carismática. Sua capacidade de se transformar em religião advém da capacidade dessa figura carismática de transferir ou não seu carisma fundador a seus sucessores e a uma instituição, burocratizá-la. Em havendo sucesso, surgem novas religiões; quando a criação de sucessores falha, a seita se desfaz e a experiência questionadora chega ao fim (cf. WEBER, 1999).

Jesus de Nazaré foi essa figura carismática. Sabemos que ele nasceu na Palestina e que, como outros meninos judeus de sua época, foi apresentado ao Templo e criado dentro das tradições hebraicas. Sobre sua infância e adolescência conhecemos pouco além das histórias relatadas nos Evangelhos; mas podemos supor, com alguma confiabilidade histórica, que tenha passado parte desse tempo como aprendiz de seu pai, que era marceneiro. Durante a vida adulta, tornou-se líder de um movimento reformista dentro do judaísmo. Seu ministério teria se iniciado na Judeia, às margens do rio Jordão, onde foi batizado por seu primo e precursor na reforma, João Batista, e terminou em Jerusalém. Ao longo de sua atuação, reuniu um grupo de seguidores fiéis, dentre os quais estavam seus apóstolos, pessoas escolhidas para continuar seu trabalho.

Em suas pregações, Jesus se indispôs com as classes dominantes locais e chamou a atenção dos administradores do Império Romano, que o consideraram uma ameaça em potencial para a estabilidade na região, o que contribuiu para que ele fosse preso. Primeiro foi julgado pelo Sinédrio, um corpo jurídico judaico, acusado, entre outras coisas, de blasfêmia, ou seja, de insultar a divindade, o sagrado. Em seguida, foi levado ao representante do Império, Pôncio Pilatos, acusado de atentar contra a autoridade imperial ao se declarar rei dos judeus. Embora Jesus não pareça negar a acusação, de acordo com os Evangelhos, afirma que seu reino não é terreno e que, portanto, não se configura como ameaça às instituições administrativas romanas.

Pilatos, seguindo a tradição da época, atribui à população, que acompanhava a comoção, o direito de escolher pela condenação ou pela libertação de Jesus. Condenado pelo clamor popular, Jesus foi entregue aos soldados romanos, que o acompanharam até o Calvário, colina onde foi crucificado. O peso político da acusação feita contra Jesus a Pilatos aparece na simbologia de sua crucificação, incluindo a inscrição INRI (*Iēsus Nazarēnus Rēx Iūdaeōrum*), "Jesus Nazareno, Rei dos Judeus" (que está no alto de sua cruz) e a coroa de espinhos, feita pelos soldados e utilizada como forma de escárnio para com seu prisioneiro.

Com a crucificação de Jesus termina seu percurso histórico, mas não sua influência sobre os eventos seguintes. De acordo com os Evangelhos, base da crença cristã, três dias depois de ter sido crucificado, Jesus teria ressuscitado e ascendido aos céus, não sem antes ordenar que seus apóstolos se espalhassem pelo mundo, pregando sua palavra e levando seus ensinamentos. De fato, os primeiros anos depois de sua morte são marcados pelo crescimento do círculo geográfico de pregação; originalmente, entre os judeus e, pouco depois, também entre os pagãos. Como Jesus fora proclamado Cristo, aqueles que se convertiam às suas ideias e professavam a fé em sua divindade passaram a ser chamados de cristãos. Denominamos **Cristianismo Primitivo** o período entre o surgimento das primeiras comunidades cristãs depois da morte de Jesus e o Concílio de Niceia, realizado no ano 325, sobre o qual falaremos mais adiante. Durante os três séculos do cristianismo primitivo, a religião começou a ganhar forma e a estabelecer seus contornos, enfrentando também suas primeiras divisões internas.

As primeiras comunidades cristãs foram marcadas pela convivência entre cristãos convertidos do paganismo e cristãos oriundos do judaísmo, o que gerou alguns conflitos. As pregações dos apóstolos trouxeram um número considerável de novos fiéis para as fileiras do cristianismo, mas muitos desses fiéis não se sentiam confortáveis em seguir as inúmeras regras cotidianas e os rituais judaicos. Interdições alimentares e a circuncisão masculina, por exemplo, eram dois pontos de grande contenda entre os diferentes grupos.

Entre aqueles que entendiam que o cristianismo deveria ser uma crença de acesso universal e que as regras do judaísmo – bem como suas limitações étnicas – não deveriam se configurar como empecilho para a conversão, estava Paulo de Tarso. Embora Paulo não fizesse parte do grupo original dos apóstolos, foi um dos mais importantes teólogos e pregadores do cristianismo primitivo. Cidadão romano, Paulo esteve entre os primeiros líderes das perseguições aos seguidores de Jesus, até sua conversão, que aconteceu durante uma viagem entre Jerusalém e Damasco.

No ano 48, reuniu-se em Jerusalém a *ekklesia* (no latim, *ecclesia*), a Assembleia do Povo ou Igreja, naquele que é considerado, por muitos estudiosos, o primeiro concílio cristão. Um concílio é uma reunião de dignitários eclesiásticos que discute e decide sobre a fé, sobre o que é e o que não é válido e correto. Esse concílio, conhecido como Concílio de Jerusalém, terminou por decidir que um pagão convertido à nova fé não precisaria se circuncidar, mas que, ao sentar-se à mesa com convertidos oriundos do judaísmo, deveria observar certas interdições. Para alguns estudiosos, essa primeira ruptura com o judaísmo – que se aprofundaria com o tempo até que as duas religiões se tornassem entidades totalmente separadas – está intimamente ligada a um projeto religioso engendrado por alguns "seguidores de segunda geração", nominalmente Paulo e outros que aderiram à visão do que deveria ser o cristianismo. Para outros, porém – e esse grupo é majoritário –, trata-se de um processo intrínseco decorrente da expansão geográfica da religião, além de um reflexo de sua própria natureza universal.

No ano 66, quando os judeus se levantaram contra o Império Romano, os cristãos deram mais um passo em direção à separação das duas religiões, afastando-se do grupo insurrecto. Depois da derrota dos judeus, no ano 70, os caminhos se afastaram em definitivo. Com isso, os cristãos se viram diante da necessidade de sedimentar suas práticas, organizar formalmente sua fé, estabelecer sua hierarquia e pensar sua liturgia (o "roteiro" de seus rituais e suas celebrações). Entre os anos 70 e 135, estabeleceu-se a estrutura básica da Igreja primitiva: uma comunidade chefiada por um bispo auxiliado por diáconos, que era, por sua vez, responsável pelo cuidado cotidiano dos fiéis. Essa estrutura, ainda que muito mais complexificada, hierarquizada e ritualizada, mantém-se até hoje como base da comunidade cristã.

2 O CRESCIMENTO DO CRISTIANISMO NO IMPÉRIO ROMANO

Nos anos que se seguiram à morte de Jesus, com a atuação missionária de seus seguidores, o Cristianismo se expandiu para além da Palestina e ganhou muitos adeptos em outras regiões do Império Romano, particularmente na península itálica, onde estava Roma, capital do Império. Embora os romanos fossem conhecidos pela notável tolerância religiosa para com povos conquistados, essa tolerância era sempre acompanhada de uma compreensão politeísta do mundo. Em outras palavras, sempre que encontravam deuses diferentes dos seus, os romanos os reconheciam como divindades e os incluíam em seu panteão, onde figuravam também seus imperadores, que usavam o título de "Augusto", divino, e que exerciam um papel importante nas manifestações religiosas de Roma, oficiando rituais públicos e intermediando a relação entre o Império e seu conjunto de deuses.

Como acontecera com o judaísmo, quando o Império Romano conheceu o cristianismo, o estranhamento se mostrou desde logo sob os aspectos administrativo, organizacional e de caráter cotidiano. Ao contrário de outras crenças professadas por povos conquistados, o cristianismo é uma religião monoteísta que não admite a adoração ritualística de outras figuras divinas. A religião romana não era apenas uma questão de foro privado, mas também uma questão de organização política e social; cidades inteiras estavam sob a proteção de um ou outro deus, suas datas festivas eram festas cívicas e os líderes políticos tinham responsabilidades religiosas para com suas cidades. Dessa forma, quando um cristão negava a possibilidade de incluir seu Deus no panteão romano, ou então negava a divindade de Marte, Mercúrio ou do imperador, não estava apenas revelando que tinha outra fé, estava também dizendo que não concordava com a estrutura social e política do Império. Mais ainda, ele se posicionava de forma a questionar a abrangência do poder do imperador. Vistos sob esse ângulo, compreendemos porque os cristãos se tornaram rapidamente inimigos públicos em Roma.

A primeira reação dos imperadores foi proibir o cristianismo. Sua proibição, contudo, não implicou em seu desaparecimento. Ao contrário, as comunidades religiosas cristãs cresceram e passaram a encontrar formas de se reunir e celebrar seus rituais em segredo. As catacumbas, túneis subterrâneos que existem até hoje em Roma, por exemplo, se tornaram espaços de convivência e vivência religiosa dessas pessoas, cujas fileiras cresciam consideravelmente em número. A atmosfera de segredo que passou a cercar o cristianismo nesses primeiros séculos acabou por lhe atribuir acusações de superstição, ou seja, de práticas obscuras e escusas, que aconteciam fora do espaço religioso romano e em contradição com a sacralidade da fé pública.

Assustados com esse crescimento, alguns imperadores dos primeiros séculos empreenderam perseguições contra os cristãos. O primeiro a decretar que os cristãos fossem perseguidos e supliciados foi Nero, no ano 64. Entre os cristãos mortos por Nero nessa perseguição estava Pedro, um dos principais apóstolos de Jesus. Mais ou menos na mesma época, também Paulo foi preso, levado a Roma e executado. As perseguições continuaram a acontecer durante todo o século II, ainda que de forma intermitente e irregular. Contudo, não apenas não surtiram o efeito esperado, como terminaram por contribuir para o aumento do número de fiéis dentro de Roma.

Foi nesse contexto que aconteceram os martírios, ou seja, as mortes pela fé. Cristãos considerados relevantes para a comunidade eram escolhidos para serem executados de forma pública pelo poder imperial. A ideia era de que deveriam servir de exemplo. As autoridades esperavam que as execuções fossem assustar ou manter cautelosos outros seguidores; mas, na prática, o que aconteceu foi que os martírios, em sua teatralidade pública, serviram como meio de impressionar positivamente potenciais novos fiéis e de reforçar a crença de quem já tinha se convertido e que via na resistência ao flagelamento uma prova cabal da intervenção divina. Mais ainda, os martírios muitas vezes serviram para incitar a curiosidade de alguns pagãos, que se questionavam a respeito da natureza do deus que essas pessoas seguiam e que aparentemente lhes dava um motivo para suportar os horrores da execução pública, realizada com requintes de crueldade: apedrejamento, crucificação e, em alguns casos, nas arenas, postas, indefesas, no meio de animais ferozes esfaimados.

Além dos martírios, outros eventos contribuíram para o crescimento do cristianismo em Roma, dentre os quais, a própria atratividade de uma religião comunitária que propunha cuidar de seus membros enfermos, viúvos ou desprovidos. Também cabe destacar a questão do gênero, visto que as mulheres cristãs tinham expectativas e *status* superior ao das mulheres pagãs em suas comunidades. Em seu livro *O crescimento do Cristianismo* (2006), Rodney Stark dedicou um capítulo inteiro de suas reflexões à questão das relações de gênero nesse processo e concluiu que, ao repensar a proposta do casamento e da procriação e ao garantir às mulheres viúvas o direito de não se casarem novamente (o que significava que não teriam mais que repassar aos segundos maridos quaisquer bens que tivessem conseguido com a viuvez), o cristianismo trouxe uma vantagem competitiva ao mercado religioso e, com isso, ganhou um espaço específico de conversão.

Durante o século III, a longa crise econômica, social e sanitária pela qual passou o Império Romano também contribuiu para que o cristianismo ganhasse força, ainda que continuasse a ser perseguido. O início do declínio das perseguições foi marcado pelo fim da expansão militar das fronteiras do Império, o que significou o fim da conquista de outros povos e, portanto, o fim da escravização de grandes grupos. Essa brusca interrupção do afluxo de mão-de-obra escravizada para sustentar o gigantesco aparato imperial levou à acentuada queda na produção de grãos (base da alimentação romana), à fome e a inquietações políticas e sociais nas cidades. Além disso, em diferentes momentos desse século, houve severas pestilências, com alta taxa de mortalidade. A religião oficial não conseguia responder aos anseios da população, que empobrecia, via-se vulnerável e temerosa por seu futuro. O cristianismo, por sua vez, parecia oferecer uma opção para essas pessoas, prometendo uma vida comunitária mais segura e uma vida, após a morte, de recompensas para quem seguisse suas doutrinas.

Paralelamente ao crescimento do cristianismo, diminuía em significância o poder do imperador. Os séculos II e III foram marcados por uma sequência de golpes e pela instabilidade no comando político. O século III também viu as fronteiras do Império se tornarem cada vez mais porosas, com o avanço sobre elas de diversos grupos não romanos, os chamados "povos bárbaros". Considerando esse cenário, entendemos porque a perseguição aos cristãos começou a diminuir, bem como a intolerância para com essa religião e seus praticantes. Menos perseguida, a Igreja começou a acumular bens, principalmente em decorrência das doações feitas por seus fiéis. Não podemos dizer que, nesse momento, ela fosse uma instituição rica, mas podemos afirmar que estava se tornando uma instituição abastada, que podia prover seus sacerdotes, para que se dedicassem exclusivamente à pregação e às coisas da religião.

No decorrer do século IV, o contexto histórico se alterou de forma considerável para o cristianismo, de modo particular pela atuação de Constantino, o último grande imperador romano, aclamado Augusto no ano 312 pelas suas tropas e que governou o Império até 337. Constantino derrotou outros imperadores em guerras civis, lutou com sucesso contra diferentes povos que ameaçavam as fronteiras e, de forma geral, trouxe consigo a revitalização da grandeza imperial. Foi também responsável por assinar o Edito de Milão, em 313, que legalizou o cristianismo e pôs fim definitivo às perseguições e denúncias contra os cristãos.

Durante sua vida, Constantino sempre se mostrou atento às questões religiosas e, diz-se que, em algum momento de sua vida, converteu-se ao cristianismo, abandonando crenças e práticas pagãs que, por outro lado, respeitou e manteve como legais durante sua vida. Embora existam dúvidas a respeito do quanto sua conversão tenha sido real e de quanto tenha sido uma opção política, ao menos publicamente Constantino se aproximou da nova religião. No ano 312, por exemplo, depois de sua vitória militar na guerra civil que assolara o Império, entrou triunfalmente em Roma, ocasião em que se recusou a visitar o templo de Júpiter, onde deveria oficiar culto público pela vitória.

Além disso, a partir do ano 317, passou a ser visto utilizando símbolos claramente cristãos, como o "chi-ró", uma espécie de "emblema de Cristo", que combina as legras gregas ΧΡ da palavra ΧΡΙΣΤΟΣ (Cristo) e que até hoje é bastante utilizado entre fiéis. Constantino mandou construir também várias basílicas e outros templos que doou à Igreja. Dentre essas basílicas, está a de São Pedro, erigida sobre o local onde, de acordo com a tradição, Pedro, o primeiro bispo de Roma, fora sepultado. Fez construir também a Basílica da Natividade, em Belém e, em Jerusalém, a Basílica do Santo Sepulcro. Foi Constantino que convocou, no ano 325, o primeiro Concílio de Niceia, responsável pelo estabelecimento da ortodoxia, ou seja, dos dogmas cristãos; sobre esse concílio, falaremos logo mais adiante.

Nas décadas seguintes do século IV, tivemos uma inversão nas estruturas de poder e, gradualmente, o paganismo passou a ser abandonado até que se tornou ilegal. O ápice desse processo veio com a chegada ao poder do imperador Teodósio I que, no ano 380, promulgou o Edito de Tessalônica, lei que declarava o cristianismo (como fora definido pelo Concílio de Niceia) a única religião permitida no Império. Se Constantino dera liberdade de culto aos cristãos sem, contudo, impedir as práticas pagãs, Teodósio I optava por uma política de intolerância, agora para com as religiões politeístas e para com as chamadas heresias, ou seja, para com as leituras cristãs que não estavam de acordo com o que o Concílio de Niceia tinha decidido.

Com o Edito de Tessalônica, terminamos a caminhada do cristianismo de seita judaica até se tornar religião oficial do Império Romano. Vimos como, em mais ou menos 350 anos, ele se desvinculou das amarras étnicas do judaísmo e cresceu entre os mais diversos grupos sociais das diferentes províncias até que, na capital, depois de perseguições e de negociações importantes para a construção de novas bases do poder imperial, ganhou *status* de religião permitida e, finalmente, de religião oficial. A fé outrora perseguida tornou-se a perseguidora. Seus primeiros alvos foram os pagãos, mas não foram os únicos. Junto com o ensejo para prevalecer sobre um mundo politeísta nasceu, no seio do cristianismo, o desejo de encontrar também uma versão "limpa", "certa" de sua própria fé. Essa busca pela ortodoxia se transformou em uma característica importante da religião, marcando sobremaneira os séculos seguintes da história do cristianismo e culminando com a primeira grande divisão interna, o Cisma do Oriente. É sobre esse processo que vamos falar a seguir.

3 — O QUE ACONTECE QUANDO O IMPÉRIO ROMANO CHEGA AO FIM?

No ano 395, o imperador Teodósio dividiu o Império Romano em duas grandes unidades: o **Império Romano Ocidental**, com sede em Roma, e o **Império Romano Oriental**, com sede em Constantinopla, atual Istambul, na Turquia. Em 476, Odoacro, rei dos hérulos (um povo de origem germânica), invadiu Roma e depôs o último imperador, Rômulo Augústulo, pondo fim oficialmente ao Império Romano do Ocidente. O do Oriente, que passaria a ser chamado de **Império Bizantino**, durou mais um milênio ainda.

Embora tenhamos uma data que marca o fim do Império Romano Ocidental, a queda de Rômulo Augústulo foi apenas o ápice de um longo processo de declínio do poder central do imperador, acentuado pela divisão que ocorrera um século antes, mas com raízes anteriores. Entre os muitos fatores do declínio, podemos citar a crise do século III, o próprio crescimento do cristianismo – uma religião que não reconhecia a divindade do imperador – e a chegada de muitos povos de diversas origens étnicas às fronteiras romanas.

Alguns desses povos estabeleceram relações bastante amigáveis com os romanos, assentaram-se nas proximidades dos limites do Império e, com o tempo, passaram a adotar práticas e costumes latinos, influenciando, por sua vez, as práticas e costumes locais a partir de suas tradições. Outros povos mantiveram posições beligerantes para com Roma, promovendo incursões com o objetivo de invasão e de conquista. O exército romano, já bastante sobrecarregado, não conseguia dar conta de todas as disputas que aconteciam ao longo de seu território e não era incomum que as cidades fossem atacadas e saqueadas, o que gerava instabilidade, medo e, a médio e longo prazo, implicou no êxodo de parte da população urbana para o campo.

Em termos religiosos, esses povos eram pagãos e suas crenças eram politeístas. Em tempos passados, esse encontro teria implicado, provavelmente, no hibridismo entre os panteões, com casamentos divinos sendo contados e retratados. Nos séculos III e IV, porém, essa possibilidade já não mais existia e o conflito religioso passou a fazer parte também do embate entre os romanos e os povos não romanos, que penetravam em seu território. Para alguns grupos, o encontro era relativamente pontual, marcado pela invasão, butim e retirada. Para outros, porém, significava a busca por novos lugares para se assentar, o que implicava em ter de lidar com a população local em todos os aspectos da vida, inclusive o religioso.

Vimos que, a partir do ano 380, o cristianismo passara a ser a religião oficial do Império Romano. Desde aquele momento, o paganismo passou a ser perseguido e as conversões, que já eram bastante significativas em termos numéricos, tornaram-se ainda mais volumosas. Povos não romanos e politeístas, que chegaram às fronteiras do Império e por lá se assentaram, estabeleceram trocas culturais significativas com os latinos e parte dessas trocas esteve ligada à adoção do cristianismo. Para a maioria dos líderes (especialmente os de origem franca e germânica), tornar-se cristão e converter seus seguidores significava estabelecer com os novos espaços de assentamento uma melhor relação e abrir caminhos para dominações que pudessem ser vistas, pelas populações locais, como mais legítimas.

Assim, quando, no final do Império Romano, se estabeleceram os chamados reinos bárbaros, o cristianismo, embora tenha sofrido inicialmente ataques importantes, terminou por vencer esses embates, crescendo em número de seguidores, como acontecera anteriormente em Roma. Agora, se por um lado havia mais cristãos, por outro, havia também mais propostas interpretativas desse cristianismo. Muitos novos convertidos traziam consigo leituras de mundo advindas de outra estrutura religiosa e filtravam a partir de suas lentes o cristianismo que recebiam. Desses encontros nasceram as heresias que, como já dissemos, se transformaram numa das maiores preocupações da Igreja cristã.

Além da conversão dos povos não romanos politeístas ao cristianismo e do combate às heresias, os séculos entre o fim do Império Romano e o ano mil, foram marcados por dois movimentos importantes para a Igreja cristã: o surgimento do **monasticismo** e a realização dos primeiros **sete concílios ecumênicos**, responsáveis por tentar estabelecer de maneira oficial as regras da fé cristã, tanto para suas crenças quanto para suas práticas e organizações políticas e hierárquicas.

Os monastérios ou mosteiros surgiram como lugares de vivência religiosa na transição da Antiguidade para a Idade Média. Seus primórdios remontam às experiências de vida ascética originadas no Egito no começo do século IV, manifestando-se em dois contornos distintos: a vida eremítica – do grego *eremos*, "deserto" – e a vida cenobítica – do grego *koinon*, "comum". Na Europa Ocidental foi a opção cenobítica a que mais sucesso obteve. O cotidiano desses monges cenobíticos seguia "um regime comum em comunidades organizadas, que se diz ter sido iniciada por São Pacômio (c. 292-346), ao estabelecer comunidades de homens e mulheres na região da cidade egípcia de Tebas, por volta de 320" (LOYN, 2007, p. 260).

Além de se configurar como espaços de vivência religiosa, de resistência à vida laica e construção de uma cultura cristã própria, os monastérios também foram responsáveis pela reprodução e manutenção da cultura clássica. Quando da chegada dos povos não romanos, muitas das obras literárias da Antiguidade, particularmente as de origem grega, se perderam nas batalhas, saques e pilhagens. Além disso, a própria cultura letrada sofreu um golpe considerável com o processo de ruralização da Europa Ocidental e, por causa disso, os livros e as produções escritas – muitas de origem pagã e, portanto, vistas como suspeitas –, deixaram de ser objeto de desejo e de preservação. Assim, coube aos monges guardar esse conhecimento e transmiti-lo, a partir das cópias manuscritas. Monastérios maiores tinham, dentro de sua estrutura física, um espaço específico designado para essa atividade, o *scriptorium*. Nele, os monges copistas trabalhavam em copiar e ilustrar textos antigos de Filosofia, História Natural e Literatura, bem como os Evangelhos, ricamente adornados. Reis e nobres que se tornaram cada vez mais poderosos com a chegada da Idade Média, muitas vezes encomendavam livros que eram verdadeiras obras de arte, com capas encrustadas em joias e iluminuras pintadas à mão em cada uma de suas páginas.

O movimento de monastérios foi particularmente importante na Irlanda e nas Ilhas do Arquipélago Norte durante os séculos VI a VIII, quando se configurou como força motriz da conversão desse espaço geográfico. Os monges irlandeses foram responsáveis pela fundação de um número considerável desses mosteiros, importantes tanto em sua própria ilha quanto no que é hoje a Escócia, a Inglaterra e o Norte da França, de onde se espalharam para a Suíça, a Alemanha e a Itália. A vida monástica chegou ao apogeu no oeste do continente europeu com o surgimento do Império Carolíngio, herdeiro do Reino dos Francos, um dos povos não romanos que chegara às fronteiras do Império quando de seu declínio e por lá se estabelecera. Por muitos séculos os monastérios cumpriram importante papel cultural e também econômico, tornando-se centros, em torno dos quais se desenvolviam vilas, cidades e rotas de comércio que ganharam, com o tempo, bastante destaque e importância.

Alguns desses monastérios se tornaram famosos por formar importantes teólogos cristãos, especialistas na fé cristã, estudiosos não apenas da Bíblia, mas também da tradição e dos trabalhos produzidos por outros intelectuais. Esses teólogos contribuíram para as inúmeras discussões que se estabelecem nos concílios, dos quais destacamos, nessa época, os sete primeiros: **Primeiro Concílio de Niceia** (325); **Primeiro Concílio de Constantinopla** (381); **Primeiro Concílio de Éfeso** (431); **Concílio da Calcedônia** (451); **Segundo Concílio de Constantinopla** (553); **Terceiro Concílio de Constantinopla** (681); **Segundo Concílio de Niceia** (787).

O **1º Concílio de Niceia** foi convocado e custeado pelo imperador Constantino. Condenou como heresia o *arianismo*, doutrina que entendia que Cristo teria uma essência intermediária entre a divina e a humana, não sendo, portanto, divindade; esse concílio redigiu a profissão de fé cristã denominada *Credo*, definiu a data da Páscoa e deu direito à Sé (sede) de Alexandria, no Egito, de agir espiritualmente para além dos limites da cidade, influenciando outras regiões, como fazia Roma. Junto com Antioquia e Jerusalém, Alexandria e Roma eram as quatro sedes apostólicas do cristianismo primitivo; Antioquia já dava sinais de seguir outros caminhos teológicos e Jerusalém era considerada uma sé honrada, porém não metropolitana, e perdia importância política.

Depois disso, o concílio seguinte a ser convocado foi o **1º Concílio de Constantinopla**, que revisou o texto do Credo de Niceia e redigiu textos litúrgicos que são usados majoritariamente até hoje pelas Igrejas Romana e Ortodoxa. Esse concílio condenou como heresia o *apolinarismo*, doutrina que defendia que Jesus teria apenas natureza divina, sem mente ou alma humana. A sé de Constantinopla recebeu o direito de precedência sobre todas as outras igrejas, à exceção de Roma. Em seguida, tivemos o **1º Concílio de Éfeso**, que continuou no empenho de defender a ortodoxia e considerou heresia o *nestorianismo*, doutrina que afirmava que havia duas pessoas distintas em Cristo e que Maria tinha carregado apenas a natureza humana dele em seu ventre. O culto mariano começava a ganhar força e a discussão a respeito de sua relação com a divindade ganhava contornos cada vez mais significativos.

O **Concílio da Calcedônia**, por sua vez, condenou o *monofisismo* como heresia. O monofisismo era a doutrina que defendia que Cristo teria apenas a natureza divina. Proposta e difundida por um monge de Constantinopla, o monofisismo foi uma das heresias que mais perdurou durante a Idade Média. Outros concílios procuraram reconciliar seus defensores e reconduzi-los à ortodoxia, mas, em última instância, não tiveram sucesso e a heresia ganhou, com o tempo, contornos de uma nova denominação dentro do cristianismo. O primeiro passo nessa reconciliação foi dado, no século V, pelo **2º Concílio de Constantinopla** que condenou obras e autores nestorianos, corrente que já fora considerada herege e cuja reflexão a respeito da natureza de Cristo a colocava em oposição direta aos monofisistas. Outra discussão importante nesse concílio foi a relação entre o Patriarcado de Constantinopla e o Papado de Roma. No fim do Concílio, Constantinopla reafirmou Roma como exceção à sua precedência e seu desejo de manter-se em comunhão com o papado.

O **3º Concílio de Constantinopla**, no século VII, condenou o *monotelismo* como heresia. O monotelismo afirmava que Jesus tinha duas naturezas, a humana e a divina, mas uma única vontade, a divina. Por fim, o último dos sete primeiros concílios, o **2º Concílio de Niceia**, já no século VIII, esteve ligado à questão das interferências do poder temporal nas escolhas do poder espiritual. Quando o imperador bizantino Miguel III depôs o Patriarca de Constantinopla, Inácio, colocou em seu lugar um clérigo de nome Fócio, o papa Nicolau I, em Roma, se opôs a essa substituição e clamou por justiça. Quando Miguel III foi assassinado, Inácio foi reconduzido como Patriarca e o Concílio, convocado, declarou Fócio anátema, ou seja, excomungado. Fócio voltaria a se tornar Patriarca com a morte de Inácio e esse movimento marcaria um acirramento nas discordâncias entre Roma e Constantinopla, que já havia algum tempo não se entendiam quanto aos limites dos poderes de uma sé sobre a outra.

Lançando um olhar para esses sete concílios, o que vemos é que houve, por parte da Igreja cristã, uma constante tentativa de manter sua unidade. Por meio de seus Concílios, procurava olhar para suas próprias crenças e práticas e entender o que deveria ser ou não oficial, o que deveria ser ou não seguido. O que os concílios decidiam era considerado como ortodoxia; todo o resto era heresia e, como tal, deveria ser perseguido e eliminado. A Igreja empreendeu consideráveis esforços nesse sentido e obteve variados graus de sucesso. Ainda assim, seguia com seu projeto político unitário, que parecia ser bastante eficiente até que, em 1054, a unidade foi oficial e irrevogavelmente rompida, com o chamado Cisma do Oriente, que terminou por instituir, de um lado, a Igreja Católica Apostólica Romana e, do outro lado, a Igreja Ortodoxa, que cresceu no Império Bizantino e que é, até hoje, a maior força cristã na Europa Oriental.

4 — PAPAS *VERSUS* PATRIARCAS: O CISMA DO ORIENTE

Vimos que o cristianismo surgiu numa província do Império Romano e que, pouco tempo depois, chegou a seu centro, de onde se difundiu, deixando de ser uma religião proibida e perseguida e tornando-se religião oficial do Império. Enquanto essa transformação acontecia, Roma também mudava política e economicamente. Seu apogeu passou e os séculos III e IV trouxeram consigo encolhimento das fronteiras, instabilidades no poder central, guerras e escaramuças constantes e uma sensação permanente de insegurança. Tentando lidar com todos os problemas, em 395, o imperador Teodósio dividiu o Império Romano em duas grandes unidades: o Império Romano Ocidental, com sede em Roma, e o Império Romano Oriental, com sede em Constantinopla. Com o tempo e com a invasão e instalação de diversos povos de origem não romana no território do Império Romano do Ocidente, este se fragmentou e deu origem a outros reinos, com administrações distintas. Já o Império Romano do Oriente se manteve unificado por mais mil anos, passando a ser conhecido como Império Bizantino, desenvolvendo uma identidade própria, baseada nas tradições helenísticas e na língua grega, que dialogava melhor com os povos que compunham esse território: persas, egípcios, judeus, sírios, armênios, eslavos e mongóis.

Geralmente identificamos Justiniano (482-565) como uma figura de referência para a história do Império Bizantino. Justiniano chegou ao poder em 527, sucedendo a seu tio, Justino, que fora chefe da guarda imperial, tornando-se imperador por meio de um golpe. Extremamente bem educado e preparado para a função, Justiniano foi importante chefe militar e líder administrativo de considerável competência. Seu comando também foi marcado pelos debates teológicos que mudariam a história do cristianismo para sempre. Parte de suas posições sofreu a influência de sua esposa, Teodora, que se convertera ao monofisismo que, como vimos, foi considerado heresia, por se tratar de uma leitura cristã que aceita apenas a natureza divina de Jesus.

Teodora não era a única pessoa no Império Bizantino que se interessara por leituras consideradas pouco ortodoxas e que foram discutidas amplamente pelas lideranças da Igreja. Na realidade, intelectuais bizantinos parecem ter se interessado sobremaneira pelos debates de cunho teológico e não é de se estranhar que, por causa disso, algumas das heresias sobre as quais falamos anteriormente tenham ganhado corpo dentro das fronteiras do Império. É importante salientar também que, como em outros momentos da história, a religião não se manifestava aqui como uma instância desarticulada da sociedade em que se encontrava. Em outras palavras, optar por uma determinada leitura religiosa significava também inserir-se em um ou outro campo político. Vemos isso com o próprio monofisismo: apesar de Teodora ser uma figura importante da administração central do Império Bizantino a se alinhar a essa leitura do cristianismo, de forma geral, essa leitura costumava vir atrelada a uma reação nacionalista e a movimentos separatistas de Constantinopla – razão pela qual cresceu sobremaneira em regiões como a Síria e o Egito.

Além de movimentos como o monofisismo e o nestorianismo, o cristianismo do Império Bizantino encontrou outras desavenças com o cristianismo de Roma. Por exemplo, sua reação à questão das imagens. Durante os séculos que se passaram entre o surgimento do Império Bizantino e sua separação religiosa completa do Ocidente, as representações religiosas usando quadros, estátuas e imagens de forma geral, tornou-se prática comum. As relações que se estabeleciam entre fiéis e essas imagens, por sua vez, tornaram-se motivo de discussão. Havia quem, dentro do Império Bizantino, considerasse essa relação como idólatra. Havia ainda quem ficasse descontente com o tipo de lucro gerado pelo comércio dessas imagens. Uns e outros se encontraram bastante representados nas decisões de dois imperadores bizantinos posteriores a Justiniano: Leão III, que proibiu o comércio das imagens, e Constantino IV, que perseguiu e prendeu pessoas denunciadas por idolatria. O movimento de perseguição e destruição das imagens ficou conhecido como **movimento iconoclasta**. Foi considerado herético pelo segundo Concílio de Niceia e, desde então, as imagens bidimensionais voltaram a aparecer no cristianismo bizantino. Contudo, o que vemos aqui é mais uma heresia, mais um distanciamento.

E os descontentamentos não se mantiveram no campo da religião. Desde o governo de Justiniano que vemos o papa, bispo de Roma, demonstrar desagrado pela forma como os imperadores bizantinos pareciam interferir política e economicamente nos domínios da Igreja. Em mais de uma ocasião papas se manifestaram contra imperadores bizantinos. Também se colocavam frequentemente contra os patriarcas (autoridades máximas) de Alexandria e de Constantinopla. Quando Alexandria, no Egito, passou a fazer parte do império muçulmano, também deixou de ser significativa na organização social e política do cristianismo. Contudo, as divergências entre o papado de Roma e o patriarcado de Constantinopla continuaram.

No ano 867, o Patriarca de Constantinopla deixou de reconhecer a supremacia do Bispo de Roma (Papa), embora ainda se reconhecesse como parte da mesma Igreja. Esse reconhecimento, não obstante, chegou ao fim em 1054, quando o cristianismo se cindiu oficialmente e se assiste então ao surgimento de duas grandes Igrejas: no Ocidente, com sede em Roma, a **Igreja Católica Apostólica Romana** e, no Oriente, com sede em Constantinopla, a **Igreja Ortodoxa**. Essa divisão, conhecida como **Cisma do Oriente** ou **Grande Cisma**, perdura até hoje. Ao longo dos séculos, houve algumas tentativas de reconciliação, como o segundo Concílio de Lyon, em 1274, o Concílio de Florença, em 1439 e as conversas entre o Papa Paulo VI e o Patriarca Atenágoras I, em 1965. Contudo, apenas em 2016, as duas lideranças das duas maiores Igrejas cristãs do mundo voltaram a se encontrar: foi em Cuba, quando o Papa Francisco e o Patriarca Kirill tiveram uma reunião, em que pediram por união e assinaram uma declaração conjunta, clamando por proteção para os cristãos do Oriente Médio.

Com o tempo, a Igreja Ortodoxa passou a se reconhecer em âmbito nacional, subdividindo-se em jurisdições que correspondiam a uma região geográfica específica ou mesmo a um país. Assim, atualmente "Igreja Ortodoxa" designa não uma, mas sim catorze jurisdições eclesiásticas autocéfalas e outras tantas autônomas que professam a mesma fé, mas que trazem em si algumas variações que estão ligadas às especificidades culturais locais. As jurisdições autocéfalas são aquelas que podem tomar decisões teológicas por si, sem necessariamente se reportar a uma autoridade superior. São elas: Patriarcado de Constantinopla, Patriarcado de Alexandria, Patriarcado de Antioquia, Patriarcado de Jerusalém, Patriarcado da Bulgária, Patriarcado da Geórgia, Patriarcado da Sérvia, Patriarcado de Moscou, Patriarcado da Romênia, Igreja Ortodoxa Polonesa, Igreja de Chipre, Igreja da Grécia, Igreja Ortodoxa Albanesa, Igreja Ortodoxa Tcheca e Eslovaca. As jurisdições autônomas têm alto grau de liberdade em termos de rituais e de costumes, mas quando se trata de decisões teológicas, elas precisam se reportar a uma autoridade suprema. Por exemplo, as Igrejas Ortodoxas Finlandesa e Estoniana são Igrejas autônomas que se reportam a Constantinopla, porque não têm sua autocefalia reconhecida por Moscou. Já as Igrejas Ortodoxas Ucraniana, Japonesa e Chinesa têm sua autocefalia reconhecida por Moscou, mas não por Constantinopla.

O Patriarca de Constantinopla ainda é uma liderança espiritual importante, mas os patriarcas locais são independentes dele e tomam suas próprias decisões. Quando há alguma questão de suma relevância ou importância, sobre a qual se exige um posicionamento uniforme, todos os patriarcas líderes das Igrejas autocéfalas se reúnem no Patriarcado Ecumênico de Constantinopla, em Istambul. A convocação para esse encontro é sempre feita pelo Patriarca de Constantinopla, mas pode ser sugerida por outros patriarcas. Atualmente, o líder da Igreja Ortodoxa de Moscou tem um papel espiritual e político quase tão significativo quanto o de Constantinopla.

De forma geral, as Igrejas Ortodoxas têm crenças, ritos e práticas que lembram bastante os do catolicismo. Assim como os católicos, ortodoxos acreditam em santos, embora contem, entre suas fileiras, com santos diferentes daqueles que são cultuados no Ocidente. Assim, embora católicos e ortodoxos venerem, por exemplo, São Cirilo, o filósofo, tido como um dos responsáveis pela consolidação do alfabeto cirílico e por parte da expansão do cristianismo no leste europeu, apenas ortodoxos veneram São João Maximovich, taumaturgo de Shanghai e de San Francisco, Califórnia, Estados Unidos. De origem russa, nasceu em 1896 e faleceu em 1960; ficou conhecido por sua atuação missionária e pastoral na China, na Europa e também na América. A Igreja Ortodoxa o reconhece como profeta, clarividente e dotado do dom da cura (taumaturgo), mas sua santidade é desconhecida na Igreja Católica.

Outro ponto comum diz respeito à existência de uma hierarquia clerical. Embora os Patriarcas não reconheçam a autoridade papal, eles próprios são autoridade e têm abaixo de si diferentes níveis hierárquicos entre seus presbíteros e fiéis. Distinguem-se, contudo, em relação ao celibato. Embora ele seja exigido de todos os padres na Igreja Católica desde pelo menos o século XII, na Igreja Ortodoxa não há proibição para ordenação de homens casados. Contudo, se um padre se tornar viúvo, não poderá casar-se novamente e, caso tenha sido ordenado solteiro, não poderá casar-se.

Para que um padre se apresente como candidato a tornar-se bispo, não pode ser casado; deve optar pelo celibato.

Tanto a Igreja Católica quanto a Igreja Ortodoxa usam a cruz como um símbolo importante para sua fé, mas, enquanto a cruz católica costuma ter apenas dois braços (uma única barra horizontal), a cruz ortodoxa costuma ter 4 braços (duas barras horizontais). Porquanto ambas as Igrejas acreditem na importância da Quaresma, a católica dura 40 dias, enquanto que a ortodoxa, 47. As datas festivas das duas Igrejas também diferem um pouco, por causa dos calendários diferentes: enquanto católicos se utilizam do **Calendário Gregoriano**, ortodoxos usam o **Calendário Juliano**, com 13 dias de diferença. Por fim, uma proximidade importante é a crença nos sacramentos, ou seja, em rituais sagrados pelos quais uma pessoa deve passar e dos quais não pode voltar atrás. Concordam em sua natureza, mas divergem em relação a seu número: os sete sacramentos são uma crença católica; para os ortodoxos, existem mais deles.

No Brasil, existem Igrejas Ortodoxas importantes, mas todas estão ligadas a comunidades de imigrantes. Em outras palavras, não temos uma Igreja Ortodoxa Brasileira *per se*, mas sim comunidades da Igreja Ortodoxa de Constantinopla, de Moscou etc. O censo de 2010 apontou que pouco mais de 130 mil pessoas se declaravam ortodoxas, das quais pouco mais de 113 mil viviam no meio urbano. Cerca de 70 mil ortodoxos declararam-se brancos; 9.300, pretos; 2 mil, amarelos; quase 50 mil, pardos e mais ou menos 200, indígenas.

É sempre importante frisar que as Igrejas Ortodoxas são Igrejas Orientais. Elas representam o crescimento do cristianismo e sua divisão em células menores. O Cisma do Oriente foi a primeira grande divisão na comunidade cristã, criando dois centros oficiais de poder, Roma e Constantinopla. Isso não significa, porém, que seja a única divisão existente. Roma e Constantinopla reconhecem os sete primeiros concílios ecumênicos. Contudo, existem, por exemplo, Igrejas orientais que reconhecem apenas os três primeiros desses sete concílios: Niceia, Constantinopla e Éfeso. Além disso, durante a Idade Moderna, veio o protestantismo e, com ele, novas divisões. Mas, chegaremos a Lutero e suas contribuições daqui a pouco. Vamos antes continuar dentro da esfera da Ortodoxia, mas daquela que não se alinha a Constantinopla; convém, pois, dirigir o olhar para os seis grupos de Igrejas que formam a Comunidade Ortodoxa Oriental, um conjunto de Igrejas cristãs que caminharam por algum tempo junto com a Igreja de Roma e de Constantinopla, mas que muito cedo divergiram das duas.

5 AS IGREJAS ORTODOXAS ORIENTAIS

As Igrejas Ortodoxas Orientais não surgiram do Grande Cisma; separaram-se do corpo da Igreja um pouco antes. Vimos que tanto a Igreja Católica quanto a Igreja Ortodoxa aceitam a autoridade dos sete primeiros concílios ecumênicos: 1º. Concílio de Niceia (325), 1º. Concílio de Constantinopla (381), 1º. Concílio de Éfeso (431), Concílio de Calcedônia (451), 2º. Concílio de Constantinopla (553), 3º. Concílio de Constantinopla (680) e 2º. Concílio de Niceia (787). As Igrejas Ortodoxas Orientais, que também recebem o nome de Igrejas Antigas Orientais, por sua vez, seguem junto com romanos e bizantinos apenas até o terceiro concílio, o de Éfeso. Desde então, consideram-se defensoras de outros dogmas, outras práticas, outros símbolos e outros significados e, portanto, embora se mantenham cristãs, devem ser vistas a partir de outras lentes e de outra estruturação.

Dizemos que as Igrejas Ortodoxas Orientais defendem o *miafisismo* (ou henofisitismo), que é a crença de que Jesus Cristo teria apenas uma única natureza, formada pelos aspectos divino e humano, que não podem ser separados, não devem ser confundidos ou alterados. Como uma resposta direta ao nestorianismo (que frisava a diferença entre a natureza divina e humana de Cristo, dando quase a entender que se tratava de duas pessoas num só corpo), o miafisismo é uma posição dentro do monofisismo que, vimos anteriormente, foi uma posição teológica considerada herética e, portanto, perseguida pela estrutura da Igreja. A concordância em acatar as decisões dos três primeiros concílios e o miafisismo são os denominadores comuns entre essas seis Igrejas: **Igreja Ortodoxa Síria, Igreja Ortodoxa Copta, Igreja Ortodoxa Etíope, Igreja Ortodoxa da Eritreia, Igreja Ortodoxa Siríaca Malankara** e **Igreja Apostólica Armênia**.

A **Igreja Ortodoxa Síria** é chamada também de Igreja Siríaca, Igreja Jacobita ou de Ortodoxa Siríaca. É uma Igreja autocéfala, ou seja, seu líder espiritual, o Patriarca Ortodoxo Siríaco de Antioquia, tem toda a liberdade para tomar decisões de cunho teológico sobre a Igreja, sua hierarquia e seus seguidores. A Igreja Ortodoxa Siríaca se considera como sucessora direta da comunidade cristã original fundada em Antioquia por Pedro e Paulo, apóstolos de Jesus, e a data de sua fundação remontaria ao ano 34, aproximadamente. A presença cristã na Síria é bastante significativa e importante para a história da região, embora não sem dissensões ao longo dos séculos. A própria sede da Igreja Ortodoxa Síria precisou mudar de lugar por causa de questões político-religiosas, nominalmente, a expansão islâmica. Em 1160, a sede da Igreja deixou Antioquia (conquistada pelo Império Otomano em 1268) e se mudou para Mardin, na atual Turquia, onde permaneceu até 1924, quando novas questões político-religiosas obrigaram o Patriarca a se mudar primeiro para Homs e depois para Damasco. Atualmente, a residência do Patriarca da Igreja Ortodoxa Síria está localizada num vilarejo a cerca de 25km da capital, Damasco. No Brasil, há dois templos da Igreja Ortodoxa Síria em São Paulo, capital, um em Belo Horizonte, Minas Gerais, e outro em Campo Grande, Mato Grosso do Sul. Fundadas entre os anos 1950 e 1980, elas estão em direta ligação com a comunidade siríaca local e preservam em seus rituais litúrgicos suas raízes étnicas. Há por aqui também outro grupo da Igreja Ortodoxa Síria, considerado "de missão". Embora foque na evangelização e administrativamente se diferencie dessas quatro Igrejas consideradas "tradicionais", também as Igrejas Ortodoxas Sírias "de missão", no Brasil, estão submetidas, como as "tradicionais", à autoridade espiritual do Patriarca de Antioquia, ou de Damasco, como preferem dizer fontes mais contemporâneas.

A **Igreja Ortodoxa Copta**, por sua vez, tem sede em Alexandria, no Egito, onde tem cerca de 18 milhões de seguidores. Fora do Egito, há mais 7 milhões de fiéis, espalhados pelas Américas, Oceania, Europa Ocidental, Oriente Médio e Sudeste Asiático. Sua fundação, segundo se crê, remontaria à pregação de um dos discípulos de Cristo, Marcos, bem nos inícios do cristianismo, provavelmente no ano 42. Naquela época, havia uma comunidade considerável de judeus em

Alexandria, que se tornou o primeiro grupo convertido na região. Os textos usados na conversão eram escritos em copta, língua local à época e que é utilizada até hoje nos rituais. Sua autoridade espiritual máxima é o Patriarca de Alexandria, também conhecido como Papa de Alexandria. Os coptas seguem de forma geral o calendário Juliano, como os ortodoxos e, por causa disso, celebram o Natal no dia 7 de janeiro, 13 dias depois dos católicos que, como vimos, adotam o calendário Gregoriano. Há uma missão copta no Brasil, cuja sede é a catedral de São Marcos, em São Paulo, capital. Os fiéis que frequentam a Igreja são, em sua maioria, refugiados coptas, embora exista também um pequeno número de convertidos. Por aqui, os rituais são realizados em copta, árabe e também em português – ou numa mistura das três línguas.

Já a **Igreja Ortodoxa Etíope** é, desde o final da década de 1950 (mais precisamente 1959), uma Igreja autocéfala, ou seja, que tem liberdade de tomar suas próprias decisões. Sua independência veio depois de se separar do Patriarcado de Alexandria e precisou ser reconhecida por ele. Ela conta com cerca de 40 milhões de seguidores, principalmente na Etiópia e é uma das Igrejas cristãs mais antigas na África pré-colonial. As origens da conversão da região remontam ao século I, embora existam poucas fontes e poucas certezas a respeito de como, quando ou onde ela tenha começado. Sabemos, porém, que, a partir do século IV, o cristianismo já havia se tornado religião nacional do Império Axum, precursor histórico da atual Etiópia. Sua sede, que é residência de seu Patriarca, está na capital do país, Adis Abeba, e sua liturgia é conduzida em língua amárica (etíope), gueês (uma espécie de etíope antigo) e também em inglês. Embora tenhamos registros de comunidades etíopes nas Américas, na Europa Ocidental, no Oriente Médio e na Oceania, não há uma comunidade Ortodoxa Etíope oficial no Brasil e não encontramos registro dela, pelo menos até a redação deste opúsculo.

A quarta Igreja Ortodoxa Oriental é a **Igreja Ortodoxa da Eritreia**. A Eritreia é um país que se encontra ao norte da Etiópia, no chamado Chifre da África, cuja capital é Asmara. Por um bom tempo, seu território fez parte do Reino de Axum, o que lhe dá, em termos religiosos, uma base comum com a vizinha Etiópia tanto que a Igreja Ortodoxa da Eritreia esteve, por um bom tempo, sob a influência política da Igreja da Etiópia; ela era autônoma, mas não autocéfala. Quando a Igreja Ortodoxa Etíope se tornou autocéfala, em 1959, seu Patriarca tornou-se também o líder espiritual da Igreja Ortodoxa da Eritreia (também chamada de Igreja Ortodoxa Tewahedo), posição que manteve até 1998, quando finalmente entrou com um pedido formal de independência de Adis Abeba e assim se tornou também autocéfala. Sua liturgia utiliza a língua gueês. Atualmente não há um líder espiritual oficial, uma vez que o atual *abuná* (título dado ao Patriarca local), Dióscoro, não foi reconhecido pelo Papa de Alexandria, Shenouda III. Convém notar que, embora sejam autocéfalas, as Igrejas Ortodoxas Copta, Etíope e da Eritreia estão em comunhão total e por isso, mesmo que seus líderes sejam independentes, devem ser, quando de sua escolha, aprovados pelo Papa Copta, o Papa de Alexandria.

Deixando o norte da África e seguindo para a Ásia, chegamos ao subcontinente indiano, que é um espaço tão vasto quanto rico em termos culturais, históricos e religiosos. Por isso mesmo, a terra do hinduísmo também é berço de parte importante e significativa do budismo e, ao mesmo tempo, abriga Igrejas cristãs que datam, assim como na África, de períodos anteriores à colonização europeia. E é lá que encontramos a penúltima Igreja Ortodoxa Oriental, a **Igreja Ortodoxa Siríaca Malankara**, que atribui sua fundação a São Tomé, que teria chegado à Índia por volta do ano 52, onde teria falecido, martirizado no ano 72. É uma igreja autocéfala, com liderança espiritual específica. É importante não confundi-la com a Igreja Siríaca Ortodoxa Malankara (atenção para a ordem dos termos), que está em comunhão com a Igreja Ortodoxa da Síria e que aceita, portanto, o Patriarca de Antioquia como seu líder espiritual supremo. No século XVI, os jesuítas portugueses se espalharam pelo mundo e chegaram também à Índia, usando do território português de Goa como porta de entrada para sua missão evangelizadora. Parte de seus esforços na região foi feita no sentido de converter os cristãos ortodoxos locais, mas não obtiveram grande sucesso. Vamos falar um pouco mais sobre os jesuítas em outro momento e, por enquanto, é suficiente pensar sobre como, mesmo diante de um plano de conversão promovido pela Igreja Católica com todo o seu aparato burocrático, os ortodoxos orientais da Igreja Ortodoxa Siríaca Malankara resistiram e mantiveram sua identidade.

A última das Igrejas Ortodoxas Orientais é a **Igreja Apostólica Armênia**. Ela é considerada a Igreja Nacional da Armênia e se tornou uma instituição independente no ano 554. Sua sede está em Valarspate e a língua de sua liturgia é o armênio. São 9 milhões de seguidores que se encontram em diversos lugares do mundo, inclusive no Brasil, onde temos uma catedral, em São Paulo, capital, e uma paróquia na cidade de Osasco, na Grande São Paulo. O reino da Armênia foi convertido ao cristianismo ainda na era apostólica, segundo a tradição, pelos apóstolos Judas Tadeu e Bartolomeu. A Armênia foi o primeiro local do mundo a tornar-se oficialmente cristão, no ano 301, mesmo que em seu território ainda se praticassem outras crenças, como o zoroastrismo (ligado ao Império Persa) e o paganismo local (ligado ao culto de deuses que representavam a natureza). Depois do Concílio de Calcedônia, o quarto dos sete primeiros Concílios Ecumênicos, que aconteceu no ano 451, a Igreja da Armênia se dividiu: a Igreja Apostólica Armênia, miafisista, aceita apenas os três primeiros concílios ecumênicos; a Igreja Ortodoxa Armênia aceita os sete primeiros e a Igreja Católica Armênia (que tem particularidades específicas que a diferem da Igreja Católica Romana, embora esteja em comunhão com ela), reconhece os 21 da Igreja católica. Quando, em 1915, o povo armênio foi vítima de genocídio, perpetrado pelo Império Otomano, e se encontrou em diáspora pelo mundo, a Igreja Apostólica se configurou como um ponto de unidade e de manutenção de identidade, ajudando comunidades expatriadas a se organizarem.

Olhar para as seis Igrejas Ortodoxas Orientais nos ajuda a perceber como é complexa a organização das Igrejas cristãs desde que a estrutura do cristianismo cresceu a ponto de não poder mais ser contida dentro de uma única instituição. Ajuda-nos a entender também que, dentro de um mesmo denominador comum, existem diversidades significativas. Assim, não há apenas uma Igreja Ortodoxa. Existem Igrejas Ortodoxas, no plural. E, sob esse guarda-chuva, existem inclusive, grupos diferentes, como as Igrejas Ortodoxas Orientais. Também do lado de cá, no Ocidente, isso é verdade. Falamos em Igreja Católica, mas, como indica o que dissemos há pouco sobre a existência de uma Igreja Católica Armênia, também dentro dela há alguma pluralidade. O que, por sua vez, diverge bastante da ideia que temos da Igreja Romana, particularmente durante a Baixa Idade Média, período que se segue ao Cisma do Oriente e que costuma ser, no imaginário popular, ao menos, um tempo de uma fé cristã monolítica e perseguidora. A verdade, contudo, é um pouco mais complexa. É sobre esse período e suas configurações que falaremos a seguir.

6 NO OCIDENTE, CRUZADAS E INQUISIÇÃO

Quando falamos sobre a divisão do tempo histórico, chamamos, no Ocidente, de Idade Média os mil anos entre a Idade Antiga e a Idade Moderna. Esses termos não são absolutos e, como a história está sendo sempre discutida por quem a descreve, existem diferentes propostas e diferentes termos que são preferidos por uns e preteridos por outros. Há, contudo, algumas concordâncias. Por exemplo, aceita-se que a Idade Média seja um período muito longo e não tão homogêneo quanto o nome pode sugerir e que, por isso, é aconselhável pensá-la em diferentes blocos, dividindo-a em Alta e Baixa Idade Média. De forma grosseira, a Alta Idade Média compreende os 500 anos entre os séculos V e X e a Baixa Idade Média, os 500 anos entre os séculos X e XV. Dizemos de forma grosseira porque existem aí períodos de transição, de sobreposições e de multiplicidades. Mas, para nossa discussão, essa divisão basta.

Durante a Alta Idade Média, a Igreja cristã, já vimos, se consolidou enquanto instituição. Saindo da Antiguidade Tardia, ou seja, do final da Antiguidade, ela foi ganhando corpo e estrutura, dogmas, discussões, rituais e símbolos mais definidos. Isso também significou que ela acumulou mais discordâncias internas, o que, por sua vez, implicou no Grande Cisma, a separação entre a Igreja Católica, com sede em Roma, e a Igreja Ortodoxa, com sede em Constantinopla que, sabemos, seguiu seu percurso histórico, descentralizando seu poder. Além disso, também se tornaram independentes de Roma e do poder papal as Igrejas Ortodoxas Orientais. Mas, e no Ocidente, o que foi que aconteceu quando chegamos ao ano mil?

Bem, a resposta a essa pergunta não é das mais simples, uma vez que muitos eventos marcaram esses 500 anos na Igreja e no cristianismo ocidental; é preciso, porém, destacar alguns momentos para que se possa continuar a procurar uma resposta para nossa principal questão: o que é cristianismo? Vimos até aqui que o ponto de partida para essa investigação é a afirmação de que cristianismo é um termo guarda--chuva para muitas religiões que têm por base a fé no Cristo. Não obstante, percebemos também, lendo sobre a trajetória histórica da religião, que cristianismo é mais do que isso: ele é a sustentação da organização de uma série de instituições religiosas; chave de leitura teórica para uma série de embates e, por fim, durante a Baixa Idade Média, a busca por uma espécie de pureza religiosa que se constrói em cima de lutas, perseguições, expurgos, crimes e castigos, por meio, particularmente, de duas instituições: as **Cruzadas** e a **Inquisição**.

As Cruzadas foram um conjunto de movimentos militares que aconteceram entre os séculos XI e XIII e que estiveram ligadas tanto ao ímpeto religioso – a ideia de libertar Jerusalém das mãos dos "infiéis" – quanto econômico e social. No Oriente Médio, são conhecidas como invasões francas e a narrativa que se conta a respeito da crueldade das batalhas difere consideravelmente das imagens que temos no Ocidente. Já a Inquisição é um conjunto de instituições dentro da estrutura da Igreja Católica, que se ocupou, ao longo dos séculos, de cuidar da ortodoxia, converter, reprimir ou eliminar hereges, anátemas e bruxos. Vamos analisar com um pouco mais de atenção esses dois fenômenos, começando pelas Cruzadas.

Perto do ano mil, Jerusalém já se encontrava no meio do território em que o islamismo se havia difundido. A religião, que surgira na península arábica no século VII, tinha crescido rapidamente tanto na região do Oriente Médio quanto no norte da África. Na Europa, sua expansão fora contida pelo exército franco, liderado por Carlos Martel, em 732, mas sua presença ainda se fazia sentir na península ibérica, onde Granada, a última cidade sob domínio muçulmano, só seria reconquistada pelos cristãos em 1492. Apesar da natureza monoteísta da religião e de, justamente por conta disso, se entender como única religião verdadeira e possível, o islamismo manteve, em Jerusalém, espaço aberto para as peregrinações dos Povos do Livro: judeus e cristãos. Contudo, em determinado momento, os cristãos deixaram de achar esse livre trânsito suficiente e passaram a cultivar o desejo de conquistar a cidade, "libertar" a Terra Santa e retomar o controle do local (e das rotas que levavam até ele).

Em 1095, o Papa Urbano II, convocou a cristandade à ação. Pessoas comuns, arrebatadas pelo fervor religioso e pela garantia dada pelo Sumo Pontífice de que quem se envolvesse na luta teria seus pecados redimidos e garantiria a entrada no Reino dos Céus, se inscreveram nos exércitos que partiram. O mesmo pode ser dito de muitos nobres, que armaram seus servos e cavaleiros e tomaram para si também a cruz, decididos a defender o que consideravam ser um território seu por direito. Para muitos membros da baixa nobiliarquia, como os cavaleiros, foi também uma saída honrosa para uma vida que, de outra forma, teria sido um tanto quanto empobrecida. Terceiros e quartos filhos de famílias ricas, que não tinham nenhuma perspectiva de herança ou vocação religiosa, muitas vezes se dedicavam à arte da guerra, considerada suficientemente nobre para seu nascimento. Mas para que pudessem se sustentar, dependiam de que houvesse efetivamente batalhas e butins, duas possibilidades bastante reais nas Cruzadas. Aliás, falando em reais, também alguns príncipes e reis participaram desses movimentos militares, como foi o caso do famoso rei inglês Ricardo, Coração de Leão.

> Deixai os que outrora estavam acostumados a se baterem, impiedosamente, contra os fiéis, em guerras particulares, lutarem contra os infiéis. (...) Deixai os que até aqui foram ladrões tornarem-se soldados. Deixai aque-

les que outrora se bateram contra seus irmãos e parentes lutarem agora contra os bárbaros, como devem. Deixai os que outrora foram mercenários, a baixos salários, receberem agora a recompensa eterna. (...) Uma vez que a terra que agora habitais, fechada por todos os lados pelo mar e circundada por picos e montanhas, é demasiadamente pequena para vossa grande população: a sua riqueza não abunda, mal fornece o alimento necessário aos seus cultivadores. (...) Tomai o caminho do Santo Sepulcro; tirai aquela terra da raça perversa e submetei-a a vós mesmos (...) (HUBERMAN, 1983, p.28).

Quando falamos em Cruzadas, não podemos esquecer os comerciantes. Se a reconquista cristã de Jerusalém não foi alcançada em definitivo (houve algumas vitórias e domínios temporários), as novas rotas de comércio que se abriram, não voltaram a se fechar. Junto com a fé, viajaram mercadorias das mais diversas origens e também redes de compra e venda que se expandiram e se fortaleceram com o tempo. A fé passou a ser, nesse momento, um negócio lucrativo, em vários sentidos. Com os cruzados iam e vinham especiarias, joias, cotas de malha, tecidos, armas e também objetos religiosos e relíquias. Imagens, terços e rosários passaram a circular em quantidades cada vez maiores, bem como pedaços da "verdadeira cruz de Cristo", água do rio Jordão, Santos Sudários, pedras do Santo Sepulcro e outros tantos souvenires, alguns mais criativos do que outros e muitos de procedência, no mínimo, duvidosa. O comércio de artigos religiosos, embora não seja uma exclusividade do cristianismo, é uma de suas características mais marcantes, até os dias de hoje. Quando olhamos para seus parâmetros, vemos que ele continua a existir tanto na forma mais inócua – como parte da sustentação da circulação simbólica da fé – como em sua forma mais danosa – como promessa de cura ou de proximidade com o sagrado, necessariamente inventado, transfigurado ou fraudulento.

Vimos que o lugar desses objetos religiosos, particularmente das imagens, passou a ser uma das discussões mais importantes no seio do cristianismo medieval. No Império Bizantino, a reação ao que se compreendia como idolatria veio sob a forma do movimento iconoclasta que foi, eventualmente, considerado uma heresia pelo segundo Concílio de Niceia.

As heresias, por sua vez, embora tenham passado pela discussão a respeito do comércio e do lugar dos artigos religiosos, não se limitaram a ela. Algumas, vimos antes, tiveram ligação estreita com a discussão a respeito da(s) natureza(s) de Jesus, uma discussão a que chamamos de cristologia: seria ele humano, divino, humano e divino em natureza e corpo, humano e divino em natureza, mas apenas humano em corpo, etc.? Outras heresias surgiram em torno da discussão a respeito de como deveria ser a relação do sacerdócio com o mundo considerado profano.

Ligado ao movimento monacal, sobre o qual discorremos anteriormente, esteve o surgimento de algumas denominações cristãs ascéticas (ou seja, retiradas do mundo). Muitas delas tornaram-se, com o tempo, ordens religiosas importantes dentro da lógica eclesiástica católica; outras, porém, por motivos teológicos, econômicos ou políticos, foram consideradas heresias e duramente perseguidas. Para efeitos de comparação, vamos pensar em dois grupos cuja base é o voto de pobreza: os franciscanos e os valdenses. Enquanto os primeiros fizeram (e fazem até hoje) parte da hierarquia católica, funcionando como um espaço de realização religiosa para quem pretende viver para o outro, imerso na pobreza, desapegado de absolutamente todos os bens materiais e seguindo o exemplo de seu fundador, São Francisco de Assis, os segundos foram excomungados depois do Sínodo de Viena, em 1184, pelo Papa Lúcio III e taxados de hereges pelo Concílio de Latrão, em 1215.

Aqui encontramos um segundo fenômeno que nos ajuda a entender a Igreja Católica durante a Baixa Idade Média. Ao combate às heresias esteve ligada a fundação da Inquisição que, apesar de seu objetivo inicial, ficou posteriormente conhecida por causa de sua perseguição contra as bruxas e pela crueldade de suas formas de interrogação sob tortura. Dentre as muitas vertentes religiosas consideradas hereges pela Igreja Católica, uma delas esteve diretamente ligada ao surgimento da Inquisição: o catarismo. Os cátaros, assim como os valdenses, eram seguidores de uma ascese extrema. As principais manifestações do catarismo aconteceram na cidade de Albi, na atual França, razão pela qual os cátaros também são chamados de albigenses. Os cátaros foram alguns dos primeiros grupos a observar o desenvolvimento econômico da Igreja Católica, a apontar sua discordância e seu descontentamento. Desde que o Cristianismo se tornara religião oficial do Império Romano até a Baixa Idade Média, a Igreja Ocidental ampliara consideravelmente não só sua influência política, mas também seus domínios, visto que acumulava terras que lhe eram doadas. Além disso, acumulava também tesouros e riquezas das mais diversas origens e seu alto clero, formado pelos sacerdotes que estavam ligados aos mais altos níveis da burocracia institucional, vinha de famílias nobres e gozava de grandes privilégios e de luxos.

Depois de muitos anos em que foram duramente perseguidos, os cátaros terminaram por ser aniquilados definitivamente entre os séculos XIV e XV, quando já eram pequenos grupos que viviam em remotas regiões da Itália e que foram denunciados, perseguidos e executados pela Igreja Católica. Contudo, suas críticas à riqueza da Igreja e a seu comportamento, que se tornava cada vez mais secular, não morreram com eles. Ao contrário, outras vozes começaram a aparecer e a se tornar cada vez mais fortes, até que, em 1517, uma delas, a de Martinho Lutero, soou mais alto do que as outras, dando início a um novo Cisma de repercussões gigantescas, o Cisma do Ocidente.

7 A REFORMA PROTESTANTE E A CONTRARREFORMA CATÓLICA

A transição da Idade Média para a Idade Moderna foi marcada por uma transformação profunda na compreensão do ser humano e de sua possibilidade de leitura do mundo. A uma antropologia da miséria humana, que permeara o tecido social medieval, surgia, com o Renascimento, uma alternativa mais esperançosa. O lugar de Deus na construção do pensamento e das possibilidades de investigação começou a ser questionado e gradualmente transformou-se de espinha dorsal em membro assistente, deixando o ser humano como eixo articulador. Ora, se o ser humano está no centro de tudo, então tudo pode ser questionado por ele: as artes, a natureza, o universo e até mesmo as instituições religiosas. Era, então, uma questão de tempo até que a Igreja Católica enfrentasse sérios questionamentos.

Vimos que, já com os cátaros, no século XII, algum descontentamento com a maneira como a Igreja construía e usufruía de sua riqueza e sua expansão era sentida pela Europa Ocidental. Entre os séculos XIII e XVI, seu poder e sua ostentação continuaram a crescer; as cortes de alguns bispos se tornaram tão suntuosas quanto as dos castelos das tradicionais famílias nobres e não eram incomuns relatos sobre banquetes, festas e atividades consideradas pouco espirituais e muito carnais. Como vimos anteriormente, boa parte dessa riqueza vinha da doação de terras e de riquezas (joias, obras de arte, moedas de ouro etc.) feitas por nobres e até mesmo por comerciantes endinheirados. Contudo, outro tanto de seu orçamento vinha da arrecadação do dízimo: a décima parte da renda que todo fiel deveria doar à Igreja.

Nesse período, como dissemos, não houve nenhum espaço de investigação intelectual que não tenha sido desbravado: conceitos próprios do ser humano, da natureza e do universo foram remexidos e muitas vezes virados de ponta cabeça, o que causou muitas crises de fé, mas Roma, muitas vezes por demais ocupada com assuntos materiais, pouco fez para aplacar seus fiéis e resolver seus problemas de consciência. Uma demonstração dessa insensibilidade veio sob o formato da manutenção da formalidade dos ritos, que continuaram a ser realizados por clérigos que se limitavam a repetir formulações arcaicas, em latim, que já não eram mais há algum tempo compreendidas por boa parte da população. Outrossim, a Igreja Católica tornou-se alvo de crítica da população mais pobre, que se via distante das riquezas que ela ostentava, de intelectuais que não encontravam na teologia da época respostas suficientes para suas indagações e, por fim, de membros de seu próprio clero que discordavam cada vez mais de algumas de suas práticas. Dentre esses clérigos de pensamento dissonante, estava **Martinho Lutero**, um monge agostiniano nascido na atual Alemanha, em 1483.

No início do século XVI, quando o Papa Leão X decidiu reconstruir a Basílica de São Pedro, em Roma, precisou iniciar uma campanha de levantamento de fundos. Dentre as estratégias escolhidas pelo Sumo Pontífice para sua empreitada estava a venda das indulgências. Na doutrina católica, quando uma pessoa peca, pode se valer do sacramento da Confissão: diante de um padre, confessa seus erros e remorsos e é absolvida mediante o arrependimento e a aplicação de uma penitência. A penitência pode ser remissa pela indulgência, de forma total ou parcial. Isso acontece, por exemplo, quando a pessoa que confessa está demasiadamente enferma. Naquele momento, contudo, por ordem de Leão X, as indulgências passaram a ser vendidas. Em termos práticos, funcionava assim: se alguém pecasse e se confessasse, em vez de se arrepender e cumprir a penitência imposta pelo sacerdote, poderia se arrepender e fazer uma doação monetária, que o eximiria da obrigação da penitência.

Em pouco tempo, a venda das indulgências se transformou num negócio extremamente lucrativo, ao lado da venda das relíquias, cada vez mais falsificadas e cujas aparições no mercado se tornavam cada vez mais comuns. Martinho Lutero discordava veementemente das duas práticas, embora se insurgisse mais contra a venda das indulgências. Sua discordância era tamanha que, em 1517, elaborou 95 teses, ou seja, 95 argumentos contra a venda das indulgências e as tornou públicas, pregando-as na porta de algumas igrejas de sua região. Além disso, Lutero também enviou suas teses ao Papa, com quem esperava poder discutir a respeito. Esperou por cerca de um ano pela resposta que veio sob o formato de uma convocação feita pelo Vaticano para que ele pudesse se defender das acusações de heresia feitas contra sua pessoa por um monge dominicano, de nome Priérias. Na mesma época recebeu também uma convocação da Dieta, uma espécie de Parlamento, responsável por parte da administração do Sacro Império Romano Germânico, um agrupamento de reinos que formam o que é hoje a Alemanha.

Para ambos, respondeu dizendo que concordava em não mais atacar a venda das indulgências, mas que não pretendia voltar atrás em suas posições. De fato, ao contrário, ele seguiu em frente, publicando a partir de então outros textos em que explicava sua visão a respeito de como deveria ser a religião cristã. Dentre os pontos que abordava, estava a defesa de que a salvação (a possibilidade da vida eterna ao lado de Deus, de uma vida pós-morte glorificada) não estaria condicionada, como queria Roma, à fé e às obras das pessoas, mas somente à fé. Em outras palavras, dizia que, quando o Vaticano estimulava as pessoas à caridade, estava estimulando um comportamento que poderia não ser respaldado na verdadeira crença e que, portanto, não necessariamente contribuía para a salvação.

Em 1520, Lutero foi excomungado pelo Papa e passou a ser perseguido politicamente. Refugiou-se, então, na região da Saxônia, onde encontrou não apenas abrigo, mas também muitos seguidores, alguns religiosos, outros leigos; alguns mercadores, outros nobres. Para os religiosos, era uma questão de teologia; para os leigos, de acolhimento na fé; para os mercadores, uma possibilidade de exercer sua profissão sem incorrer em pecado (a Igreja Católica condenava duramente os juros e dificultava, nesse sentido, o desenvolvimento do comércio); e para os nobres, uma chance de se apoderar dos ricos domínios do Vaticano. Quando Lutero, excomungado, passou a organizar um novo cristianismo, muitos nobres se converteram e, no esteio de sua conversão, secularizaram bens de várias ordens que residiam em seus territórios.

A religião fundada por Lutero passou a ser conhecida como **Luteranismo** e foi a primeira das **religiões protestantes**. **Protestantismo** é um termo guarda-chuva utilizado para indicar uma ampla variedade de crenças e de Igrejas que se originam da **Reforma Protestante** iniciada por Lutero. Junto do Catolicismo e da Ortodoxia, o Protestantismo forma o conjunto das três maiores denominações (ou conjuntos de denominações) do cristianismo. De maneira geral, entendemos como protestantes as religiões que não aceitam a autoridade ou a infalibilidade papal, não se subordinam a Roma e derivam da Bíblia toda a autoridade. O conjunto de crenças do Luteranismo está presente na *Confissão de Fé* ou *Confissão de Augsburgo*, texto redigido e apresentado por Filipe Melanchton, amigo íntimo e um dos primeiros seguidores de Lutero.

A Confissão de Augsburgo foi escrita em alemão, língua vernacular para a qual Lutero traduziu também a Bíblia. A tradução da Bíblia para o alemão foi um passo de extrema importância para a expansão das religiões protestantes, uma vez que tornou possível o acesso direto à Palavra, considerada única forma de autoridade. Com mais pessoas lendo a Bíblia, mais interpretações se tornaram possíveis, o que ajuda a explicar porque temos tantas denominações religiosas cristãs de confissão protestante. Além da língua da Escritura Sagrada, outra diferença importante do Luteranismo (e do protestantismo em geral) para o catolicismo é a não existência do celibato clerical e o não reconhecimento de alguns sacramentos, como, por exemplo, a Confissão, que passa a ser uma relação estabelecida diretamente entre o fiel e Deus, sem a mediação do sacerdote. Para os Luteranos, a Eucaristia, ou seja, a comunhão é uma parte importante de seus rituais, mas isso não é necessariamente verdade para todas as denominações protestantes que existem. É importante lembrar que, para Lutero, embora haja Eucaristia, a transformação da hóstia em corpo e sangue de Cristo é simbólica, uma forma de lembrarmos de seu sacrifício e de sua comunhão com seus apóstolos; para a Igreja Católica, a hóstia é o corpo e o sangue de Cristo, transformados pelo mistério da transubstanciação e, portanto, (con)sagrada. Hoje em dia, quase 90 milhões de pessoas se declaram Luteranas e o Luteranismo é a terceira maior denominação religiosa cristã no mundo.

Apesar do sucesso do Luteranismo e, pouco tempo depois, de outras denominações protestantes que se espalharam pela Europa, não podemos dizer que a Igreja católica tenha aceitado essa separação de maneira pacífica ou tranquila. Ao contrário, ela lutou bastante, procurando manter sua hegemonia sobre a fé cristã na Europa e, com o início das Grandes Navegações e do processo de invasão e colonização das Américas, também no Novo Mundo. A verdade é que, para quem olhava de dentro, a situação da Igreja católica, em meados do século XVI, era bastante difícil: ela perdera seus domínios e sua influência sobre metade da Alemanha, Suíça, Países Baixos, parte do Leste Europeu, Escócia, Inglaterra e Escandinávia. Além disso, mesmo em lugares onde ainda era hegemônica, sua influência parecia abalada. Falaremos um pouco mais sobre isso em breve, mas nesse momento, basta entendermos que o protestantismo, com suas diferentes denominações, fazia sucesso e que, por causa disso, a Igreja católica precisou voltar-se para si mesma, repensar-se e encontrar caminhos para continuar a existir, ganhar território e tentar impedir que mais cristãos se convertessem ao protestantismo.

A Reforma Protestante contribuiu para o reavivamento do fervor religioso na Europa. Além disso, implicou também no fim da concepção medieval de um mundo único, comandado por uma única Igreja que seria o denominador comum entre todos. Com as sementes dos Estados Nacionais, vinham também as raízes de possibilidades religiosas distintas e de pertenças que não mais passavam pelo Vaticano. Além disso, a Reforma Protestante também foi responsável pelo acolhimento de grupos cada vez mais significativos de burgueses que, até aquele momento, sentiam-se preteridos por uma teologia católica que privilegiava a posse da terra (que não podia ser entendida a partir do valor monetário) e condenava empréstimos, juros e transações que eram de natureza comercial e que, portanto, faziam parte da estrutura de mundo dessas pessoas.

Não fosse um conjunto de ações que ficou conhecido como **Contrarreforma**, a Igreja Católica talvez tivesse desaparecido, ou, quem sabe, se transformado numa denominação menor que comporia, junto com outras tantas, o mosaico das crenças cristãs contemporâneas. Não obstante, a Contrarreforma aconteceu e, por causa dela, a Igreja católica ganhou novo ímpeto teológico e pôde também estabelecer bases para sua expansão, no esteio da tomada dos mares, particularmente pelos Impérios português e espanhol.

O primeiro grande passo da Contrarreforma foi o **Concílio de Trento**, uma reunião entre as principais lideranças da Igreja católica, que ocorreu na Itália, entre os anos de 1545 e 1563. Os principais objetivos desse Concílio foram analisar as denúncias de abusos da Igreja (opulência e luxo do clero, comportamentos pouco religiosos etc.), remediá-los e definir com clareza pontos da doutrina que estivessem sendo questionados pelas denominações protestantes. Dentre as muitas definições do Concílio de Trento, destacamos:

1. Reforço da ideia de que apenas a Igreja (através de seus padres) poderia interpretar a Bíblia.
2. O culto à Virgem Maria e aos santos, que poderiam ser representados por imagens, e que podem, por sua vez, ser cultuados, mas não adorados.
3. A reafirmação da infalibilidade do Papa e do dogma da transubstanciação.
4. Aceitação do livre arbítrio do homem, que nasce predestinado a se salvar, mas pode, através do pecado, ser condenado. Para atingir a salvação, o fiel deve cuidar de sua alma, manter os sacramentos e se dedicar à fé e às obras.
5. Continuidade do uso do latim na missa, cujo objetivo deveria ser relembrar aos fiéis cotidianamente o sacrifício de Cristo.

6. Manutenção do celibato clerical, que se tornara regra já no início da Baixa Idade Média e agora passava a ser estabelecido por Concílio.
7. Criação dos seminários, ou seja, de escolas para que os postulantes à vida sacerdotal pudessem ser instruídos, educados e inseridos, paulatinamente, na vida religiosa. Naquele momento, estabeleceu-se que a ordenação só poderia vir depois dos 25 anos e que só depois dos 30 alguém poderia ser nomeado bispo; procurava-se assim diminuir o número de sacerdotes que não demonstravam vocação e que agiam de forma pouco religiosa.

Além da convocação do Concílio de Trento, outras duas ações da Igreja Católica contribuíram para sua resposta à Reforma Protestante e sua reestruturação para a entrada na Idade Moderna: o **restabelecimento do Tribunal da Santa Inquisição** (que fora bastante poderoso nos séculos XIII e XIV, mas que perdera sua importância no século XV) e a **regulamentação sistemática das ordens religiosas**.

Sobre o Tribunal da Santa Inquisição, destacamos que, a partir de 1542, ele não só foi reativado como ganhou novos poderes e incumbências, todas ligadas à vigilância da ortodoxia e à manutenção da unidade da Igreja católica. Quem era denunciado como desviante (herege) ou bruxo (as bruxas eram mais comuns que os bruxos), era sistematicamente investigado, interrogado, torturado e, uma vez confesso, entregue ao braço secular para que pudesse ser executado. O corpo era destruído, mas entendia-se que a alma poderia ser salva, desde que purificada, normalmente pelo fogo. Nessa época, o Santo Ofício, como era chamado o Tribunal da Santa Inquisição, também passou a classificar os livros: muitos cientistas e pensadores foram colocados na relação dos livros proibidos, o Index. A leitura dos títulos que estivessem nessa lista era vetada aos fiéis.

Quanto às ordens religiosas, foram colocadas em pauta e defendidas veementemente pelo Concílio de Trento. Os padres da igreja entenderam que bem estabelecidas, essas ordens poderiam contribuir para o fortalecimento do clero. Além da reforma de ordens antigas como a dos dominicanos, surgiram outras, novas. Dentre estas, a mais importante foi a Companhia de Jesus, fundada em 1534, por Inácio de Loyola. Os jesuítas, padres que faziam parte da Companhia de Jesus, emitiam votos de pobreza, castidade, obediência e submissão ao Papa. Passavam por um rigoroso processo de noviciado, onde eram selecionados; aprendiam as Humanidades, Filosofia e Teologia e foram uma parte indissociável do processo de colonização do Império português e do espanhol. Estabeleceram missões na Ásia, particularmente no Japão, na Índia (vimos que por lá tentaram, sem sucesso converter membros da Igreja Ortodoxa Siríaca Malankara) e na China (Macau).

Além disso, não é possível falar em invasão e conquista das Américas, sem falar em jesuítas. Por aqui, atuaram na conversão de centenas de milhares de nativos. No Brasil, foram responsáveis pelo estabelecimento das primeiras escolas, tanto para os indígenas que aldearam e converteram, quanto para os filhos das elites que se estabeleciam na Colônia. Desfrutaram, na América portuguesa, de imenso prestígio até o século XVIII quando foram expulsos dos territórios da Coroa pelo então Ministro do rei D. José I, Marquês de Pombal.

Tanto a Reforma Protestante quanto a Contrarreforma mudaram para sempre a fisionomia do cristianismo no mundo. A expansão da influência da religião para além da Europa é, possivelmente, a maior dessas mudanças. De lá para cá, vimos aumentar consideravelmente o número de denominações religiosas e também assistimos a uma transformação significativa do lugar da Igreja católica na sociedade. Caminhamos para o fim deste livro olhando para essas duas realidades: primeiro veremos o que aconteceu com as Igrejas Protestantes depois de Lutero e como surgiram as Igrejas Evangélicas e, depois, voltaremos a falar da Igreja católica e nos perguntaremos sobre sua realidade no século XX e agora, nas primeiras décadas do século XXI.

8. IGREJAS PROTESTANTES, EVANGÉLICAS E PENTECOSTAIS: TANTAS DENOMINAÇÕES QUANTO INTERPRETAÇÕES?

Da Alemanha, a Reforma Protestante se espalhou por outros países da Europa. Ainda no século XVI, por exemplo, os países escandinavos se tornaram protestantes. Também a Suíça rompeu com o papado, convertendo-se ao **Calvinismo**. Ítalo Calvino, fundador dessa religião, foi um advogado francês que defendeu alguns protestantes convertidos que sofriam perseguição. Perseguido por sua vez, Calvino foi obrigado a fugir para a cidade de Basileia, na Suíça, onde publicou, em 1536, o texto *Instituição da Religião Cristã*, definindo seu pensamento. O sistema teológico de Calvino seguia muito da estrutura proposta por Lutero, mas endurecia seu credo em alguns pontos, particularmente em relação à doutrina da salvação. Para Calvino, nem obra, nem fé seriam caminhos para que um cristão se salvasse, uma vez que, segundo ele, Deus escolhera, no momento da concepção, quem seria salvo e quem não teria possibilidade de salvação; fundava, assim a doutrina da predestinação:

os *eleitos*, assim o eram porque predestinados por Deus.

O zelo religioso de Calvino tornou-se cada vez mais intransigente. Quando ele se mudou de Basileia para Genebra, organizou uma comunidade religiosa de comportamentos austeros e de exigências elevadas. Essa comunidade era regulada e administrada por um Consistório, uma espécie de assembleia formada por pastores e anciãos que vigiava os costumes e administrava a cidade, inteiramente submetida à lei do Evangelho. Ficaram proibidos o jogo, as danças, o teatro e o luxo. As vestes deveriam ser sóbrias e o comportamento, em público e no privado, deveria refletir essa sobriedade. O calvinismo oferecia uma doutrina adequada à burguesia capitalista, posto que entendia que o ser humano provava sua fé na dedicação ao trabalho e poderia encontrar pistas para sua predestinação no reconhecimento de seu esforço, que viria sob a forma do sucesso material.

Da Suíça, o calvinismo se expandiu rumo ao norte e ao leste europeu, obtendo sucesso considerável na República Tcheca, na Eslováquia, na Polônia, nos Países Baixos e na Escócia, onde foi reinterpretado e deu origem ao **Presbiterianismo**, fundado por John Knox (1505 – 1572). A Igreja presbiteriana era uma comunidade cristã um tanto mais democrática que a Igreja calvinista em Genebra, mas também era regulada por uma assembleia, composta por anciãos (também chamados de ministros ou presbíteros) e diáconos. Enquanto os ministros eram responsáveis por ensinar, ministrar sacramentos e organizar rituais, os diáconos cuidavam da organização financeira e temporal da comunidade. Existem igrejas presbiterianas em diversos lugares no mundo e, nos Estados Unidos, formam uma das maiores denominações cristãs. Sua fé se baseia na leitura das Escrituras, na pregação, na crença nos sacramentos do Batismo (que é permitido para crianças, como na Igreja católica) e da Eucaristia. Atualmente, como também acontece em outras igrejas protestantes, ao contrário do que vemos na Igreja católica, as mulheres também podem ser ordenadas como ministras na Igreja presbiteriana.

Outra Igreja que também ordena mulheres é a **Igreja Anglicana**, que é resultado direto da Reforma Protestante na Inglaterra, comandada por Henrique VIII, e que foi resultado de seus anseios políticos, secundados pelo descontentamento do povo com a Igreja católica e pela crescente simpatia pelos movimentos protestantes. Tradicionalmente, a história da Reforma Protestante na Inglaterra é contada a partir dos relatos dos sucessivos divórcios do rei. Henrique se casou, ainda muito jovem, com a viúva de seu irmão, Catarina de Aragão, princesa espanhola, filha de Fernando de Aragão e Isabel de Castela, reis que patrocinaram Cristóvão Colombo em sua viagem pelos mares, que trouxe a América para a mesa das politicagens europeias. Catarina era tia de Carlos V, Imperador do Sacro Império Romano Germânico, região que compreenderia hoje a Alemanha, os Países Baixos, parte da Áustria, da Hungria e uma pequena porção do Leste Europeu.

Com Catarina, teve apenas uma filha, Maria. Henrique precisava garantir um herdeiro para o trono, da mesma forma que precisava encher novamente os cofres da monarquia inglesa que, naquele momento estavam esvaziados pelas décadas de Guerra Civil pelas quais a ilha passara. Embora não resolvesse a segunda questão, a anulação do casamento com Catarina lhe permitiria casar-se novamente e resolver o primeiro de seus problemas. A candidata a futura esposa era Ana Bolena. Carlos V pressionou o Papa para que o pedido de anulação do casamento de Henrique VIII com sua tia não fosse aceito. Henrique encontrou então, uma saída que lhe daria duas soluções de uma só vez: romper com a Igreja e fundar uma nova denominação protestante, cujo líder seria ele próprio.

Por meio do *Ato de Supremacia*, ou seja, do rompimento com a Igreja católica, Henrique conseguiu o direito ao divórcio e ao segundo casamento, ora com Ana Bolena. Ganhou também o direito de confiscar os bens e as terras da Igreja católica na Inglaterra, o que significou um considerável afluxo de dinheiro para os cofres da realeza. Se nessa frente, teve sucesso, na frente do herdeiro, nem tanto. Do casamento com Ana Bolena, apenas uma filha sobreviveu aos dois, Elizabeth. Ana Bolena foi acusada de adultério e decapitada. A terceira esposa de Henrique VIII foi Jane Seymour, que finalmente lhe deu o esperado filho, Eduardo. Jane faleceu no puerpério e Henrique casou-se mais três vezes ainda: com Anna de Cleves, de quem se divorciou pouco tempo depois do enlace, Catarina Howard, a quem também mandou decapitar e, por último, com Catarina Parr, muito mais jovem que o rei e que sobreviveu à morte dele e se casou novamente.

Quando Eduardo VI subiu ao trono, sucedendo ao pai Henrique VIII, manteve a separação da Igreja católica. Criado como protestante, o jovem rei acreditava na Reforma e procurou aprofundá-la. Por causa de sua frágil saúde, no entanto, faleceu pouco tempo depois, sem deixar herdeiros. Foi então sucedido por sua irmã mais velha, Maria Tudor, filha de Catarina de Aragão. Catarina era profundamente católica e sua devoção não lhe permitiria outro caminho que não retomar os laços com Roma. A tentativa foi marcada pelo casamento de Maria com Felipe II, rei da Espanha e pela perseguição aos protestantes. O reinado de Maria I entrou para a história como um reinado sangrento e quando ela faleceu, boa parte da população inglesa suspirou aliviada. Maria I não deixou herdeiros e quem a sucedeu foi sua irmã mais nova, Elizabeth, que como o pai e o irmão antes dela, também era protestante. Elizabeth I, que fora declarada bastarda pelo Vaticano, foi excomungada quando subiu ao trono. Em resposta, a rainha conseguiu do Parlamento uma segunda aprovação do *Ato de Supremacia*, que garantiu o anglicanismo como religião oficial do Estado.

De fato, o anglicanismo é uma religião estatal. A Igreja anglicana é uma Igreja Nacional, ou seja, uma Igreja ligada ao Estado. Até hoje, na Inglaterra, o chefe da casa real é também chefe da Igreja. Suas práticas e crenças estão sedimentadas na *Confissão dos 39 Artigos*, aprovada pelo Parlamento também durante o reinado de Elizabeth I. A Confissão mantém a hierarquia episcopal e o culto com aparência bastante próxima do catolicismo; mas, por outro lado, seus dogmas se aproximam mais daqueles do calvinismo. Embora protestantes, os anglicanos, ao contrário de luteranos, calvinistas ou presbiterianos acreditam em santos e utilizam-se de suas imagens em suas igrejas.

No século XVIII surgiu, dentro da Igreja anglicana, um movimento cujo objetivo era trazer mais membros da classe trabalhadora para os cultos. Esse movimento resultou no surgimento de uma nova denominação religiosa, o **Metodismo**, fundado pelos irmãos John e Charles Wesley. A Igreja metodista procurou injetar fervor ao culto de base anglicana, com pregações mais entusiasmadas que, muitas vezes, aconteciam – ao menos no início de sua história – ao ar livre. A Igreja metodista encoraja a participação ativa da comunidade laica nas atividades cotidianas da Igreja, defende a possibilidade de salvação para todos e, embora provenha da Igreja anglicana, não acredita em santos nem usa de suas imagens em seus templos. Sua fé, que prega a possibilidade de uma vida realmente santa ainda nessa terra, se encontra codificada num texto conhecido como *28 Artigos da Breve Exposição das Doutrinas Fundamentais do Cristianismo*. Atualmente, o Metodismo se encontra dividido em vários grupos menores, o que não os torna menos atuantes ao redor do mundo. São bastante conhecidos por sua dedicação aos estudos e, desde 1890, vêm fundando universidades em vários países, inclusive no Brasil.

Do anglicanismo ainda se originou outra denominação de destaque até os dias de hoje. No século XVII, surgiu um **movimento evangélico** importante, que se consolidou na **Igreja Batista**. Os movimentos evangélicos são aqueles que se focam no Evangelho, ou seja, na pregação da palavra de Jesus Cristo. Pregar, para evangélicos é uma atividade de importância vital e as igrejas mais contemporâneas que respondem por esse nome, traduzem bem esta vocação: seus convertidos falam sobre a fé, testemunham sobre as mudanças que ela gerou em suas vidas e buscam trazer mais fieis para suas fileiras. Tudo isso é verdade também para as Igrejas Evangélicas históricas, como é o caso da Igreja Batista. Seu nome deriva da ênfase que dá ao batismo de pessoas adultas (e não de crianças, como nas Igrejas católica, presbiteriana ou anglicana), pela imersão completa na água. O batismo adulto acontece depois que o fiel professa sua crença em Jesus como o Senhor e Salvador. O elemento mais importante das missas batistas é o sermão e as Escrituras são consideradas a única autoridade possível. A sucessão apostólica, representada pela estrutura da Igreja católica ou da Igreja anglicana é desacreditada pelos batistas, que veem em seus pastores uma liderança em termos espirituais, mas não lhe conferem nenhum *status* especial fora dessa esfera.

Dentro do movimento evangélico, representado por Igrejas como a Batista, surge outro movimento de importância ímpar para entendermos o desenvolvimento do protestantismo e seu lugar na sociedade contemporânea: o **Pentecostalismo**. Pentecostalismo é um termo guarda-chuva que inclui um grupo de Igrejas de características evangélicas (pregação, missão, batismo adulto, autoridade das Escrituras, pouca relevância para a sucessão apostólica) que enfatizam, por sua vez, os dons transmitidos à humanidade pelo Espírito Santo. O termo pentecostalismo vem de Pentecostes, nome que os cristãos dão, na Bíblia, à crença de que o Espirito Santo teria descido à terra e se manifestado sobre os seguidores de Cristo. Um dos dons do Espírito Santo que caracteriza as crenças pentecostais é a glossolalia, ou seja, a capacidade de falar em línguas. Os pentecostais acreditam que, por obra do Espírito Santo, podem falar na língua dos anjos ou em outras línguas (terrenas) que desconhecem. Segundo a crença, os dons dados aos cristãos pelo Espírito Santo também podem ser chamados de carisma, por isso, muitas vezes, o movimento pentecostal também é chamado de **Movimento Carismático**. É interessante notar que existe um movimento carismático dentro da própria Igreja católica. Esse movimento não rompe com os dogmas romanos, mas coloca no Espírito Santo, na missão evangelizadora, nos cultos musicados e no louvor feito em voz alta, destacada ênfase. Há quem identifique o movimento carismático católico (sobre o qual falaremos com mais detalhes, em breve) como uma resposta ao crescimento do movimento carismático evangélico.

No Brasil, o Movimento Pentecostal cresceu consideravelmente durante o século XX e hoje, no século XXI, começa a se fortalecer como principal grupo cristão. Estima-se que a até metade do século tenhamos mais cristãos de vertentes evangélicas pentecostais no país do que católicos. Considerando que a Igreja católica teve um papel fundante desde os tempos coloniais e já foi, sem dúvidas, a maior força sócio-política de nossa sociedade, essa mudança é considerável e deve ser observada de forma atenta. Diferentes autores apontam diferentes hipóteses explicativas para esse crescimento, mas destacamos, dentre elas, a questão das localizações geográficas, da presença em espaços sociais de maior vulnerabilidade, a tendência missionária, o carisma, os cultos entusiastas, a informalidade hierárquica e a articulação política dos líderes mais importantes das denominações mais significativas. Existem, de fato, outras questões que podem ser levantadas e há de se levar em conta as particularidades regionais do país, que tornam toda e qualquer análise superficial. Mesmo assim, como dissemos antes, esses são alguns dos eixos explicativos mais relevantes. Em relação às denominações, podemos distribuí-las em três grupos, que correspondem a três momentos históricos distintos da presença pentecostal no Brasil, ou três ondas: o **proto-pentecostalismo** (pentecostalismo clássico), o **dêutero-pentecostalismo** e o **neo-pentecostalismo**.

O pentecostalismo clássico, no Brasil, abrange as décadas entre 1910 e 1950 e tem início com a fundação da Congregação Cristã no Brasil e da Assembleia de Deus. Outras denominações que fazem parte dessa onda são a Missão Evangélica Pentecostal do Brasil, a Igreja Pentecostal do Brasil, a Igreja de Deus no Brasil e Igreja de Deus em Cristo. O dêutero-pentecostalismo, por sua vez, é a segunda onda do Movimento Pentecostal no Brasil e agrupa denominações surgidas a partir de 1950. Desse grupo fazem parte denominações como a Igreja do Evangelho Quadrangular, a Igreja Apostólica do Brasil, a Igreja Cristã Pentescostal da Bíblia do Brasil, a Igreja Evangélica Pentecostal O Brasil Para Cristo, a Igreja Pentecostal Deus é Amor, a Catedral da Bênção e a Igreja Unida.

Por fim, a terceira onda, o neo-pentecostalismo, agrupa denominações surgidas a partir das décadas de 1970 e 1980. As Igrejas neo-pentecostais, além de todas as características que herdam das Igrejas evangélicas e pentecostais, são também marcadas pela sua relação com a mídia. A tele-evangelização (a evangelização através de programas de televisão), por exemplo, se torna uma prática comum e, com o passar do tempo, caminha para o rádio e para a internet. Além disso, a articulação política das Igrejas neo-pentecostais é mais sólida do que das Igrejas pentecostais de primeira e segunda onda e são seus membros os principais responsáveis pela composição do que chamamos por aqui de "Bancada Evangélica", um conjunto de políticos que têm, nas crenças cristãs mais tradicionais, suas bandeiras políticas. Fazem parte desse agrupamento denominações como Igreja do Amor, Assembleia de Deus Vitória em Cristo, Comunidade da Graça, Comunidade Evangélica Sara Nossa Terra, Igreja Internacional da Graça de Deus, Igreja Apostólica Renascer em Cristo, Igreja Bola de Neve, Igreja Mundial do Poder de Deus, Igreja Verbo da Vida e, possivelmente a mais conhecida de todas, a Igreja Universal do Reino de Deus.

As Igrejas Protestantes históricas que citamos aqui, bem como as Igrejas evangélicas, pentecostais, dêutero-pentecostais ou neo-pentecostais não são as únicas denominações que existem. Talvez não seja possível dar conta de todas elas em nenhum espaço, já que, como dissemos anteriormente, no momento em que Martinho Lutero traduz a Bíblia e funda uma religião cuja base é a livre interpretação das Escrituras surgem, potencialmente, tantas denominações quantas intepretações. O que procuramos fazer até aqui foi destacar algumas das Igrejas protestantes mais importantes em termos numéricos ou que tiveram algum destaque específico na narrativa histórica que contamos. Assim, falamos sobre algumas Igrejas protestantes mais próximas da Reforma, abordamos a lógica das Igrejas Nacionais (exemplificada pela Igreja anglicana) e seguimos falando sobre as Igrejas evangélicas, de onde provieram as Igrejas pentecostais em suas diferentes ondas. Fora desse esquema, ficaram, porém, três denominações cuja presença na sociedade brasileira é significativa e, por isso, precisam ser abordadas, ainda que de maneira introdutória: o Mormonismo, a Igreja Adventista do Sétimo Dia e as Testemunhas de Jeová.

Mormonismo é um termo guarda-chuva para uma série de Igrejas de fundação relativamente recente (meados do século XIX), que reivindicam terem restaurado o verdadeiro cristianismo. Dentre elas, a mais proeminente e mais conhecida é a Igreja de Jesus Cristo dos Santos dos Últimos Dias. Na verdade, sua proeminência é tamanha que, muitas vezes, entende-se o termo mórmon como indicando seus seguidores. A Igreja de Jesus Cristo dos Santos dos Últimos Dias foi fundada por Joseph Smith Jr, nos Estados Unidos. Aos 17 anos, ele afirmou ter sido visitado por um mensageiro celestial, chamado Moroni, que lhe revelou um Evangelho escondido, que estava escrito em placas de ouro e que tinha sido escrito pelo profeta Mormon. Esses textos misteriosos, chamados de Livro de Mormon, foram transcritos para o inglês e se tornaram a base da crença dos seguidores dessa religião. Os mórmons entendem que eles são a verdadeira Igreja de Jesus Cristo e que todas as outras foram corrompidas pelo tempo. Afirmam a Santíssima Trindade como uma realidade física e acreditam que a alma humana existe antes do nascimento. Como os católicos, crêem num estágio intermediário entre a salvação e a condenação, um espaço de correção que é análogo ao purgatório. Diferente de outras denominações cristãs, acreditam que uma pessoa possa ser convertida depois de morta, por meio do batismo de seus entes queridos. A sede da Igreja de Jesus Cristo dos Santos dos Últimos Dias é Salt Lake City, Utah, e sua principal liderança é seu presidente.

A **Igreja Adventista do Sétimo Dia**, como o próprio nome diz, tem sua principal característica na consagração do sétimo dia da semana, o sábado, como dia santo. As Igrejas cristãs, de forma geral, no processo de afastamento do judaísmo, moveram seu dia santo do sábado, o Sabbath, para o domingo, dia em que tradicionalmente acontecem as missas e os cultos. Os adventistas, por sua vez, retomaram o Sabbath e suas preces e celebrações começam com o entardecer da sexta-feira. A Igreja, que surgiu nos Estados Unidos em meados dos anos 1850, teve na figura de Ellen Gould White uma de suas principais líderes. A ideia do advento, a segunda vinda de Cristo, é central para seu sistema de crenças. Bastante dedicados à educação, no Brasil, os colégios adventistas são conhecidos por seu rigor e por sua qualidade de ensino. Muitos dos internatos que ainda existem por aqui são afiliados a essa denominação, que tem na missão evangelizadora em espaços não cristãos um de seus principais pilares. Digno de nota é também a defesa que os adventistas fazem de uma vida e alimentação saudável. As decisões sobre a fé são tomadas pela Conferência Geral, embora a governança cotidiana seja bastante mais democrática e os membros da comunidade tenham bastante participação nas decisões locais.

Por fim, não podemos encerrar um capítulo sobre protestantismo sem mencionar as **Testemunhas de Jeová**. Seu fundador, Charles Taze Russell foi bastante influenciado pelos ensinamentos adventistas e elaborou sua fé sobre a segunda vinda de Cristo. As Testemunhas de Jeová negam a existência da Trindade e defendem que Jeová é o único Deus verdadeiro e que Jesus foi uma encarnação do arcanjo Miguel, a primeira criação divina e criação, através da qual, todas as outras aconteceram. De vocação evangelizadora, as Testemunhas de Jeová são conhecidas por seu trabalho de porta em porta, levando suas doutrinas, que se materializam em jornais e livretos escritos e publicados pela Igreja. Profundamente pacifistas, muitas Testemunhas de Jeová que vivem em países de alistamento militar obrigatório chegam a ser condenadas por se negarem a prestar serviço no exército, usando a objeção de consciência que, em alguns lugares, não é reconhecida, por lei, como um direito do cidadão. São bastante conhecidos também por terem uma tradução própria da Bíblia e por sua objeção às transfusões de sangue (embora aceitem transfusão de substâncias sanguíneas como o plasma). Atualmente são mais de 8 milhões de Testemunhas de Jeová espalhadas pelo mundo.

9 A IGREJA CATÓLICA NOS SÉCULOS XX E XXI

Se as Igrejas protestantes prosperaram e floresceram durante o século XX e chegam ao século XXI com mais força ainda do que antes, com uma miríade de denominações, crenças e práticas, a Igreja católica perdeu forças e espaço, particularmente nas Américas. Isso não significa, porém, que tenha deixado de ser importante. Ao contrário, ela continua sendo uma peça fundamental na compreensão do equilíbrio político e social em diversas partes do mundo, desde a Europa Ocidental, até a América Latina, passando pelo Sudeste Asiático e pelo centro-sul da África.

O século XX viu um processo inexorável de separação entre Estado e Igreja. Isso significou, nas Américas, que em muitos lugares, como no Brasil, no final do século XIX, o catolicismo deixou de ser a religião oficial do país, e que a Igreja católica deixou de ser responsável por atividades administrativas como o registro de nascimentos, óbitos e casamentos. O Estado tornou-se responsável pela organização censitária de seus habitantes e também por garantir que todas as religiões gozassem da mesma liberdade e das mesmas possibilidades de estabelecimento e de culto. O ensino religioso, antes necessariamente uma catequese católica realizada nas escolas, foi se transformando numa discussão a respeito da religião e de sua pluralidade enquanto objeto social. Hoje em dia, aparece menos nas salas de aula do que em outros momentos históricos, embora ainda seja, no sistema público de ensino, de acordo com a Lei de Diretrizes e Bases de 1996 (LDB 9394/96), de oferta obrigatória e matrícula optativa. No sistema de ensino particular, ainda se mantém como catequese, visto que está atrelada às escolas confessionais. As escolas católicas ainda estão entre as mais tradicionais e algumas das mais bem conceituadas do país, mas as escolas cristãs ligadas a outras denominações, como vimos, continuam a crescer e a ganhar espaço no mosaico educacional brasileiro.

De qualquer forma, podemos afirmar que, por muitas décadas, o Brasil continuou sendo um país profundamente católico. Vemos isso quando olhamos, por exemplo, para nosso calendário de feriados, ainda hoje marcado por datas comemorativas católicas, como é o caso de 12 de outubro, dia de Nossa Senhora Aparecida, padroeira do Brasil. O fato de termos uma padroeira fala sobre como e quanto as tramas do tecido social brasileiro ainda são devedoras do catolicismo. Com a chegada das religiões pentecostais, a situação dentro do cristianismo começou a mudar, particularmente, a partir da segunda onda do movimento pentecostal no país e, sobremaneira, com a terceira onda, ou seja, com o neo-pentecostalismo.

Às novas denominações cristãs, a Igreja católica respondeu, de forma geral, de três maneiras: focando suas ações em outros espaços, articulada politicamente aos movimentos de esquerda política, através da Teologia da Libertação; reforçando suas especificidades e seguindo a linha "menos católicos, mas católicos melhores", com movimentos mais rígidos como a *Opus Dei* ou, então, trazendo para dentro de suas estruturas o carisma evangélico, a partir de movimentos como a Renovação Carismática.

A **Teologia da Libertação** é uma corrente teológica que se considera supradenominacional e suprapartidária. Bastante influenciada pela leitura das obras de marxistas, tem, no Brasil, em Leonardo Boff, um de seus maiores nomes. Focados na opção pelos pobres, teólogos da libertação estão envolvidos nos mais diversos movimentos sociais e se espalharam por toda a América Latina. Desde o papado de João Paulo II, teólogos da libertação passaram a ser constantemente observados. A Igreja católica nunca chegou a proibir efetivamente essa visão teológica, mas sempre ressalva a importância de dissociá-la da concepção política. A Teologia da Libertação se identifica bastante também com o chamado Evangelho Social, movimento que surgiu na América do Norte, no início do século XX, dentro das denominações protestantes, com o objetivo de buscar a justiça social a partir da ética cristã. De certa forma, é uma resposta da Igreja católica a esse movimento. A opção pelos pobres, seja feita pela Teologia da Libertação, seja por outros carismas dentro da Igreja católica, é, até hoje, um dos caminhos mais significativos da instituição e, no Brasil, se configura como um dos braços de sua sobrevivência ao crescimento evangélico.

Na outra ponta do espectro político estão movimentos conservadores católicos, como é o caso da **Opus Dei**, uma prelazia pessoal fundada em 1929 pelo sacerdote espanhol Josemaría Escrivá Balaguer. A prelazia pessoal é o nome que se dá a uma estrutura que existe dentro da Igreja católica em que um prelado (autoridade religiosa), clérigos e leigos se reúnem e trabalham em prol de uma atividade pastoral específica. Em muitos casos, vivem juntos num único espaço ou, como acontece com a *Opus Dei*, em espaços comunitários espalhados pelo mundo. A conduta da *Opus Dei* passa pela santificação do trabalho ("O trabalho é santo, santifica-nos e santifica os outros"). Em termos de posicionamentos políticos, a *Opus Dei* tende a se colocar do lado do conservadorismo, o que a aproxima de um grupo específico de católicos. A prelazia também é conhecida pela rigidez de seus comportamentos, que estão ligados ao controle extremo do corpo e de seus desejos, passando, inclusive, pela lógica das punições e da dor como forma de exercício da religiosidade. Pode parecer estranho, mas o fato de que a Igreja católica consiga oferecer experiências tão distintas quanto a Teologia da Libertação e a Opus Dei, nos ajuda a entender suas estratégias de sobrevivência e os motivos pelos quais, mesmo encolhendo em termos de número de fieis e de espaço social, ela ainda não teme – e possivelmente ainda não temerá por um bom tempo – o momento em que deixará de ser significativa ou, enquanto denominação única, grupo cristão mais significativo.

Além desses dois polos, existe também uma terceira via de resistência da Igreja católica ao crescimento do cristianismo de vertente evangélica que é o **Movimento de Renovação Carismática**, termo guarda-chuva para uma série de iniciativas católicas com inspiração nos cultos pentecostais: cultos para jovens, músicas, um visual mais descontraído, práticas de esportes, uso de instrumentos musicais, bem como falar em línguas, destaque para a presença do Espírito Santo, sermões mais enfáticos, animados e em tons mais exacerbados, testemunhos e missões evangelizadoras. Um dos movimentos de maior sucesso no Brasil é a **Canção Nova**. Fundada em 1978, tem sede no interior de São Paulo (Cachoeira Paulista); está presente no mercado editorial, tem canais de rádio, canal de televisão e muito de seu trabalho se centraliza na gravação de álbuns musicais religiosos. É difícil dizer quantos católicos fazem parte da Canção Nova, mas sabemos que seu alcance é bem amplo, já que existem missões evangelizadoras do grupo em lugares como Portugal, Itália e França.

A Canção Nova é responsável pela adoção de muitas práticas que antes estavam restritas aos ciclos evangélicos, como é o caso das Cristotecas, as festas (ou baladas) organizadas em discotecas e voltadas para a comunidade jovem cristã. Essas festas são supervisionadas por membros da comunidade; nelas não há consumo de álcool, de cigarro ou de qualquer outro tipo de substância considerada danosa; o contato entre jovens do sexo oposto é regulado e a música é religiosa e não secular. Outra estratégia emprestada do campo evangélico são os acampamentos de jovens, que seguem as mesmas regras rígidas e o mesmo acompanhamento por parte dos membros da comunidade. Nesses acampamentos, os jovens se envolvem em atividades coletivas, grupos de estudo da Bíblia, de oração e em vigílias, além de cantorias em torno de fogueiras, entoando sempre hinos religiosos.

Embora o Movimento de Renovação Carismática e, particularmente, no Brasil, a Canção Nova faça bastante sucesso entre os jovens católicos, é difícil dizer se a resposta carismática ao crescimento evangélico foi suficientemente forte e rápida e se será eficiente na diminuição da velocidade com a qual acontecem as conversões. É preciso lembrar também que, além dos movimentos cristãos, crescem em termos de competição no mercado, as possibilidades de novas religiosidades, menos estruturadas. A ideia de que se pode ser cristão sem necessariamente pertencer a uma Igreja, por exemplo, vem crescendo e ganhando cada vez mais adeptos. Essas pessoas, professam a crença em Jesus como o Cristo, mas não se enxergam dentro de uma denominação específica; algumas vezes frequentam um culto ou outro, podem acender uma vela numa Igreja, ter uma imagem de um santo em casa e, ao mesmo tempo, ouvir louvores evangélicos ou assistir a novelas pentecostais, mas não se prendem aos rótulos, aos ritos e às práticas específicas.

> Cada sujeito religioso não necessariamente confessante e, principalmente, nunca fiel exclusivo ou sectário, pode e deve realizar os seus próprios recortes de crenças e recriar, como um *bricolleur* (...), a sua própria lógica da fé; o seu próprio imaginário da crença e o seu próprio código da virtude (BRANDÃO, 1994:29).

Quando olhamos para tudo isso, percebemos que o cristianismo, que começou como um movimento pequeno na região da atual Palestina, cresceu, difundiu-se pelo mundo e se pulverizou. Ainda existem, dentro dele, grandes denominações com diferentes graus de poder e influência social, política e econômica em diferentes partes do mundo, mas de forma geral, o cenário religioso cristão é hoje um mosaico muito mais colorido e complicado do que foi em outros momentos e a tendência é que ele continue se tornando mais complexo, colocando cada vez mais desafios para quem procura compreendê-lo.

10 POR FIM, O QUE É CRISTIANISMO?

Chegamos ao fim de nosso volume sobre cristianismo e esperamos que o leitor tenha tirado proveito dessa jornada junto conosco. Durante todo o nosso percurso, buscamos traçar um panorama de como e onde surgiu o cristianismo e como se tornou, nos dois mil anos subsequentes, uma religião tão complexa e plural quanto praticada e espalhada pelo mundo.

Vimos que, de uma pequena seita judaica, o cristianismo se transformou numa força política, social e econômica com poucos paralelos na história da humanidade. Vimos também que dessa definição guarda-chuva (cristianismo) surgiram diversas denominações: algumas deram origem a instituições tão poderosas quanto a Igreja católica ou a Igreja Ortodoxa e outras, por sua vez, a congregações pequenas, cujo nome não é conhecido para além de sua comunidade, tamanha a variedade de articulações existentes.

Discutimos como existem aspectos institucionais e sérios, dogmáticos e estruturados, assim como também existem aspectos informais e festivos, sincréticos e fluidos que compõem o amplo escopo do cristianismo não só por aqui, mas ao redor do mundo todo. Com isso, esperamos que o leitor tenha descoberto coisas novas sobre esse tema que é ao mesmo tempo tão próximo e tão desconhecido e que tenha se encantando com as possibilidades que ele põe a nosso dispor.

O que é cristianismo? buscou definir, da forma mais clara, didática e cronológica possível como essa empreitada reformista se transformou na base de tantos valores, comportamentos, símbolos e leis da sociedade ocidental e como, até hoje, nos identificamos com suas raízes e com suas fronteiras, para muito além de crenças e práticas pessoais. Por tudo isso, esperamos que a curiosidade tenha sido estimulada e que o leitor se interesse daqui por diante em conhecer mais sobre aspectos não tão discutidos dessa religião tão imbricada no tecido social brasileiro e, portanto, parte tão intrínseca de nosso cotidiano.

REFERÊNCIAS BIBLIOGRÁFICAS

ADRIANI, M. *História das Religiões*. Rio de Janeiro, EDIÇÕES 70, 1989.
BAGGOTT, Andy. *Rituais Celtas*. São Paulo: Madras, 2002.
BRANDÃO, C. R. A crise das instituições tradicionais produtoras de sentido. In: MOREIRA, A. e ZICMAN, R. *Misticismo e novas religiões*. Petrópolis: Vozes; Bragança Paulista: IFAN, 1994.
CUNLIFFE, Barry. *The Celts*. A very short introduction. Oxford: Oxford University Press, 2003.
FUNARI, Pedro Paulo. *As Religiões que o Mundo Esqueceu*. São Paulo: Contexto, 2009.
HERMANN, Jaqueline. *História das Religiões e Religiosidades*. VAINFAS, Ronaldo e CARDOSO, Ciro Flamarion. *Domínios da história: ensaios e de teoria e metodologia*. Rio de Janeiro, CAMPUS, 1997. p. 329-354.
HUBERMAN, Leo. Papa Urbano II. In: *História da riqueza do homem*. 19 ed. São Paulo: Zahar, 1983, p. 28.
KUNIN, Seth D. *Theories of Religion*. A reader. Edimburgo: Edinburgh University Press, 2006.
LOYN, Henry R. *Dicionário da Idade Média*. Rio de Janeiro: Jorge Zahar, 1997.
PADEN, William E. *Interpretando O Sagrado: modos de conceber a religião*. São Paulo, PAULINAS, 2001.
SAWYER, Peter (ed.). *The Oxford Illustrate History of the Vikings*. Oxford: Oxford PublishingHouse, 1997.
SCARPI, Paolo. *Politeísmos: as religiões do mundo antigo*.s/l: Hedra, 2005.
STARK, Rodney. *O crescimento do cristianismo: um sociólogo reconsidera a história*. São Paulo: Paulinas, 2006.
TOYNE, Stanley Mease. *The Scandinavian History*. s/l: Associated Faculty PrInc, 1970.
WEBER, Max. *Sociologia da religião* (tipos de relações comunitárias religiosas). In: Economia e Sociedade: fundamentos da sociologia compreensiva. São Paulo: Imprensa Oficial do Estado de São Paulo, 1999.

Sobre o autor

Tatiana Machado Boulhosa nasceu e cresceu em São Paulo, capital. É Doutora em Ciências da Religião pela Pontifícia Universidade Católica de São Paulo e membro do *Insulæ*, Grupo de Estudos sobre Britânia, Irlanda e Ilhas do Arquipélago Norte, na Antiguidade e Idade Média. Historiadora, trabalha com História da Religião e atua profissionalmente na formação de professores, nos cursos de Licenciatura.